ISIDORA GOYENECHEA

Gran dama de Lota

ISIDORA GOYENECHEA

Gran dama de Lota

Oscar Lizana Farías

PRIMERA EDICIÓN

Junio 2023

Copyright ©, Oscar Lizana Farías

   Mail: olizana91@gmail.com

   Instagram: @lizananovelista

TAPAS

Diseño y arte en Gimp 2.10: Anders Gröndahl

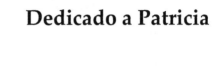

Dedicado a Patricia

Capítulo 1

1

M uchos años atrás, vivió en la ciudad de Copiapó una de las familias más prominentes que haya pisado suelo chileno.

La ciudad, ubicada en el extremo norte de Chile, emergía de la Colonia para sumergirse en el Chile republicano del siglo XIX. Una vez consolidada la emancipación del imperio español, la sociedad chilena comenzó a experimentar un importante desarrollo económico gracias a la minería, pero ésta solo enriqueció a unos pocos; el resto, dedicado a la agricultura, tardó en despertar del letargo del período colonial.

De este modo, los Gallo Goyenechea labraron una destacada posición dentro de la pequeña-en número, no en riqueza- burguesía copiapina con esfuerzo, tesón y un manejo astuto de las relaciones sociales, políticas y comerciales. El dinero fluía a raudales por sus manos.

Don Miguel Gallo Vergara, considerado el patriarca de la zona, amasó fortuna trabajando desde muy joven en la minería del cobre y la plata junto a su padre. Su esposa, doña Candelaria Goyenechea de la Sierra se encargó de multiplicar dicha fortuna con acertados consejos de inversión en propiedades y establecer una red social sólida mediante matrimonios concertados con otras familias de notable fortuna. Todas ellas pertenecientes a la naciente élite burguesa decimonónica.

A partir de 1830, la economía chilena, como se dijo, se benefició de un proceso de crecimiento espectacular. Este tuvo su génesis en el ordenamiento político y en el aumento de las exportaciones mineras de cobre, plata y ciertos productos agrícolas como el trigo y la harina. La antigua aristocracia empobrecida por la Guerra de la Independencia daba paso a una burguesía pujante y elitista. Esta cosecha social más reciente se nutrió de inmigrantes europeos y criollos hábiles; hambrientos de fortuna y poder político.

Don Miguel y doña Candelaria se casaron siendo muy jóvenes un 20 de marzo de 1816 en un período convulso de las emergentes repúblicas latinoamericanas. Sus antepasados provenían de distintas partes de Europa. Doña Candelaria citaba con orgullo en las reuniones sociales a lugares como Génova, Vizcaya y también al país Vasco. Al igual que otros inmigrantes lograron discretas fortunas durante la dominación española y hasta el año de 1820 estaban en constante peligro de desaparecer. Por esta razón, don Miguel y su familia vio una oportunidad en trabajar en la minería recorriendo los desolados parajes del norte de Chile y doña Candelaria, como era la costumbre, en criar y educar a su numerosa prole y cuidar de sus hermanos Ramón, María Loreto, María Luz y Petronila. En especial de su hermano Ramón Goyenechea.

Guiándose por el éxito de su propio matrimonio concertado, doña Candelaria no trepidó en aconsejar al viudo Ramón para que desposara a la joven y bella sobrina de don Miguel: María de la Luz Gallo. El 10 de marzo de 1833 sonaron las campanas de la iglesia de Copiapó anunciando la boda. De la igualmente feliz unión nacieron dos hijos: Emeterio e Isidora.

La semilla de la desigualdad social y económica estaba ya plantada cuando a principios de enero de 1836 nació en Copiapó Isidora Goyenechea Gallo.

2

La ciudad, que en aquella época era conocida como Villa de San Francisco de la Selva de Copiapó, contaba con una población de unas once mil almas. No obstante, era la más importante ubicada en las soledades del desierto de Atacama; en la frontera norte del país. Rodeada de altas cumbres rocosas y piramidales yacía cubierta en parte de arena y envuelta en un silencio sepulcral. A los viajeros que se aventuraban por aquellos lugares debía haberles llamado la atención la ausencia total de vegetación de los cerros circundantes. Aquellas moles de rocas no mostraban siquiera una plantita o algún vegetal por insignificante que fuera. Solo en las quebradas se mantenían a duras penas pequeños bosques de chañares y espinos, ganando a la sequedad del lugar. Copiapó era por tanto una villa acunada en un oasis del desierto y vivía aislada de la pompa de otras ciudades.

Isidora Goyenechea nació y se crió observando estos paisajes desde la ventana de su habitación que daba hacia el norte. Se deleitaba viendo a los guanacos dar grandes botes de roca en roca y vigilaba los círculos que trazaban en su vuelo bandadas de tencas y aguiluchos. Con suerte podía divisar culebras de cola larga y pequeñas lagartijas o de vez en cuando podía observar en el magnífico azul del cielo jotes de cabeza colorada buscando alimento. Isidora, a sus cortos seis años de edad, miraba alrededor de esos cerros y se preguntaba si habría algo más allá de su vista.

Hacia el oriente, el paisaje cambiaba. Al fondo se elevaba majestuosa la Cordillera de los Andes en forma de terrazas superpuestas. Entre sus faldeos serpenteaba un riachuelo abriéndose paso por las llanuras cubiertas de candentes arenas y serranías rocosas. El río Copiapó, como una serpiente dadora de vida, transformaba el paisaje al oriente de un desierto casi estéril en un valle con exuberantes campos de cultivo, huertos frutales, bosquecillos y jardines que ostentaban higueras, naranjos, duraznos y olivos alternados con mirtos y palmeras.

El rio bajaba hacia el oeste por una antigua aldea indígena de la etnia colla llamada Pueblo Indio y llegaba al barrio oriental de Copiapó denominado San Fernando. Luego se alejaba hacia el oeste hasta desembocar en una especie de pantano cerca de unos cerros. En sus faldeos se encontraban innumerables hoyos de poca profundidad. Era minas de oro abandonadas por los indígenas siglos atrás.

El centro de la ciudad estaba formado por hileras continuas de viviendas dentro de las cuales crecían, en grandes espacios, primorosos jardines. Estos manchones verdes brindaban a sus pobladores un refugio cuando ocurría alguno de los frecuentes temblores y adonde huían siempre al primer sacudón. A Isidora le aterraban. Había pocas casas de dos pisos o de ladrillos. En ellas vivía la naciente burguesía: catadores de minas, aventureros e inmigrantes que se habían vuelto ricos de un día para otro.

Hacia el norte, en barrios alejados del centro estaban las "otras viviendas": La Chimba de Copiapó, donde habitaban los peones, obreros de las minas, artesanos y un naciente proletariado. Todas las casa estaban construidas con adobe y en general las murallas eran nada más que tabiques consistentes en marcos de madera unidos por tiras de corteza de palmera y cubiertos con una capa de barro. Los techos estaban confeccionados con juncos unidos por una mezcla de tierra, arena y fibras vegetales. Ofrecían poca protección al calor del día y al frio de la noche. La mayor parte de las casas no tenían ventanas, sino solo puertas, las que se mantenían abiertas durante el día a fin de dejar pasar luz al interior. El cielo siempre sereno y los rayos solares muy brillantes molestaban la vista y este efecto se intensificaba por encontrarse las calles sin pavimento, de modo que el viento levantaba a menudo nubes de polvo.

En agudo contraste, una hermosa alameda de álamos italianos se extendía formando un cordón verde que atravesaba el centro de la ciudad de sur a norte. Era la avenida donde tocaba los domingos la banda militar. Los habitantes buscaban refresco a la sombra de sus árboles y se consideraba un paseo obligado de la alta sociedad copiapina. El grado de cortesía en los saludos estaba marcado por los apellidos.

Desde la alameda se extendía la ciudad hacia el oriente en cuatro calles rectas y paralelas. En el centro existía una gran plaza a cuyos costados se levantaba la iglesia principal y frente a ella el palacio de gobierno y la cárcel.

El agua potable era suministrada a domicilio en barriles transportados por asnos. Cada gota de agua representaba un gran valor. Se empleaba un gran contingente de funcionarios a fin de vigilar y repartirla a los diversos domicilios del centro. Los barrios periféricos debían proveerla a como pudieran. Otra demostración del grado de diferencia entre ricos y pobres en gestación lo constituían el alumbrado a gas y el hecho de que sus principales calles estaban pavimentadas y provistas de veredas.

Capítulo 2

1

Sucedió que una tarde de verano tardío, María de la Luz de Goyenechea paseaba con sus hijos Emeterio e Isidora por la plaza de Copiapó. La plaza en sí estaba rodeada de una cerca de listones de madera en forma de X y en cuyo centro una pequeña fuente proporcionaba agua para que bebieran los pocos asnos que circulaban llevando cargas de diversas mercancías. Un suave olor a su excremento inundaba el lugar. En una esquina, una mujer vendía hortalizas a viva voz y más allá, dos niños descalzos jugaban con un perrito. María de la Luz, protegida con un amplio sombrero, agitaba su abanico aventando el polvo que había levantado un jinete al pasar.

Les acompañaba el pequeño Luis Cousiño, hijo del administrador de su principal mina de plata, el cual había enviudado y gozaba de la plena confianza de la familia Gallo Goyenechea al punto de considerarlo casi un miembro más del clan. Por tanto, María de la Luz se encargaba del cuidado y educación de Luis.

La pequeña Isidora corría a la par de sus compañeros, todos bajo la atenta mirada de Rosa, una de las sirvientas de la casa patronal. Sus caritas rojas y sudorosas mostraban la felicidad de ser niños, ajenos a las pasiones y deseos de los adultos. El afán de la carrera era alcanzar la avenida principal buscando los álamos que los protegerían del sol implacable con su sombra. La brisa que bajaba del este ya refrescaba gradualmente la tarde y después, transformado en viento, barría los senderos del barrio periférico de San Fernando con un silbido quedo permitiendo que la polvareda disminuyera un poco.

María de la Luz caminaba de prisa detrás de los niños.

—Rosa, ¿don Ramón bebió la infusión de yerbas que te ordené preparar?

—No quiso tomársela, señora. Dijo que estaba muy amarga.

—¿Le agregaste miel?

—No se me ocurrió, patrona.

—No tienes ocurrencia para nada, mujer y Ramón es un porfiado. Anoche tosió toda la noche. Para peor no se toma los remedios que preparo.

Preocupada por su esposo no se percató que los niños se había adelantado bastante en dirección al poblado de San Fernando. Se estaban alejando del centro. De repente, las manitos de Isidora la sorprendieron agarrando el ruedo de su vestido. La pequeña miraba asustada a un gran número de ciegos sentados frente a sus casas. Mendigaban alguna dádiva. Al escuchar los pasos del grupo aproximándose estiraron sus brazos balbuceando palabras que Isidora apenas comprendía.

—Patroncito, una monedita, por amor de Dios.

—Rosa, dales unas monedas. Niños, vengan en seguida. Volvamos a casa.

Entonces, Emeterio empezó a burlarse de su hermana.

—Miedosa. Si son solo mendigos. No hacen nada. ¡Mira! Me acerco y no me ven.

—Mamá, ¿qué les pasó? ¿Por qué están así? —preguntó Isidora ignorando las mofas de su hermano.

—Son mineros, hija. Perdieron la vista por imprudencia al efectuar explosiones dentro de las minas.

—¿Qué cosa es imprudencia, mamá?

—Ven. En casa te explico. Ahora regresemos.

—Mamá, tengo hambre —dijo el mayor.

—Ya se ha hecho tarde. Estos barrios me atemorizan.

2

Giraron media vuelta para regresar cuando por sorpresa apareció la figura de una indígena de la etnia colla, a juzgar por sus vestimentas. La anciana les cerró el paso. Su aspecto inspiraba temor. Su rostro de nariz prominente, ojos saltones, labios muy finos y gruesas cejas enmarcados en una multitud de arrugas secas hizo que las mujeres retrocedieran escondiendo a los niños tras su amplias faldas. La vieja se dirigió desafiante al grupo.

La mulata Rosa cogió una piedra grande en defensa de su ama.

—¡Anda! Desaparece anciana. Fuera de aquí. Si no te vas, te parto la cabeza de un peñascazo.

La anciana se acercó al atemorizado grupo y su expresión cambió de odio a desprecio.

—Así que tú eres la esposa de don Ramón Goyenechea —dijo paseando su vista por la esbelta figura de María de la Luz.

—¿Quién eres? ¿Qué quieres de nosotras?

—Yo soy la vieja Liquitaya.

—Te daré unas monedas y quiero que te apartes de mi camino —ordenó la bella y altanera María de la Luz.

—No quiero limosnas, mujer. ¿Tu esposo es el cuñado de don Miguel Gallo?

María de la Luz guardó silencio. Miró hacia los costados de la estrecha calle en que se encontraban buscando un escape. La tarde avanzaba con rapidez y temía por sus hijos. Ni un alma a la vista.

Isidora, aferrada a la falda de su madre miraba a la anciana con grandes ojos. Intuía que la india solo quería decir algo, no dañarlos. No le temía. Mayor miedo le inspiraron los ciegos.

—Ese hombre malo estafó a mis sobrinos Juan y José Godoy —prosiguió la anciana.

La sangre genovesa que corría por las venas de María de la Luz se manifestó en una ira ciega.

—¿Cómo te atreves a insultar a mi tío Miguel, sucia anciana? Si no desapareces ahora diré a Rosa que cumpla su amenaza.

—Ya me voy, pero escucha lo que esta vieja va a decirte. Ustedes se han hecho ricos con la mina de plata del cerro Chañarcillo. Esa era la herencia que mi hermana Flor

Normilla dejó a mis sobrinos después de morir. Don Miguel se las arrebató por unas míseras monedas. Ellos viven ahora en la más lastimosa de las pobrezas. Anda y advierte a tu tío que les devuelva la mina de plata. Que se quede con las ganancias de todos estos años, pero que restituya la propiedad de la mina a mis sobrinos.

—¿Estás loca? ¿Después de todos estos años pretendes algo así?

—El cielo te ha traído hasta acá para que escuches mi clamor. Si tu tío se niega, yo por los poderes de que estoy investida, invocaré el mal sobre los Gallo y los Goyenechea y sobre todos los que lleguen a formar familia con ellos. Los maldeciré y solo sufrirán muertes tempranas y súbitas desgracias. Anda, previene a tu tío que devuelva la mina a mis sobrinos o la maldición caerá sobre ustedes.

A continuación aproximó su arrugado rostro a Isidora y murmuró palabras que solo ella escuchó claramente: "Ya tienes casi siete años, pequeño ángel y vas a comprender lo que te diré. De ti dependerá que este funesto destino cambie. Solo de ti dependerá. No lo olvides".

Dicho lo tal, la anciana desapareció por las calles polvorientas.

María de la Luz tardó un tiempo en recuperar su aplomo. Con la mirada perdida sintió que sus piernas temblaban. Finalmente se volvió hacia Rosa.

—Habrase visto tal insolencia. Venir a amenazarnos así. ¡Y delante de mis hijos! Rosa, no quiero que comentes con nadie los insultos de esta india. Y ustedes, mis pequeños, no hagan caso a los dichos de una loca.

En seguida se inclinó y tomó de un brazo a Isidora.

—Hija, ¿qué fue lo que te murmuró la anciana al oído?

—No sé, mamá, no le entendí.

Un silencio pesado imperó al regreso. Faltando aún unas cuadras para llegar a destino, Isidora preguntó a su madre por el significado de la palabra "funesto".

—¿Funesto? Es algo malo, ¿dónde escuchaste esa palabra?

—No me acuerdo —dijo y salió corriendo desafiando a sus compañeros a quién alcanzaba primero a la puerta de calle y tirar de la cuerda que hacía sonar la campanilla de llamada. Un coro de ladridos anunció el ingreso a la casona.

3

La casa quinta familiar, conocida como la Casa de los Gallo, presentaba una fachada que no se diferenciaba de otras casas del centro de Copiapó. Era difícil pensar que en esta ciudad pequeña y cuyas casas estaban construidas en su mayoría en adobe hubieran tantos millonarios; poseedores de fortunas de miles de pesos. El menaje que allí se encontraba era notable. La tosca madera de los pisos de todas las habitaciones estaba cubierta con ricas alfombras y se encontraban repletas de muebles confeccionados con madera de palisandro. Los sofás, las sillas tapizadas con finas sedas, un piano de cola y escritorios de gran valor estaban instalados sin gusto ni orden. Los ventanales exhibían cortinajes de telas bordadas y en las paredes colgaban cuadros al óleo de Rafael y Rubens, comprados como legítimos; relojes de sobremesa, inmensos floreros, vajilla de plata, canastos llenos de botellas de champaña, naipes, dados, todo amontonado sin la menor simetría, y algunos ratones corrían en medio de aquellos objetos.

Sentados a la mesa, el dueño de casa inició la cena. Casi terminando la sopa, don Ramón notó que María de la Luz había permanecido muy callada esa noche y no despegaba la mirada del plato.

—No he podido ver ni una sola vez sus ojitos verdes esta noche, señora de la Luz ¿sucede algo?

María de la Luz desvió su mirada hacia sus hijos que estaba muy concentrados en sus respectivos platos de sopa en una mesita contigua. Emeterio dejó de hacer ruido de sorbete con la cuchara e Isidora guardó un silencio cómplice.

—¿Se han portado mal los niños? —insistió don Ramón.

—No, esposo mío, para nada. Ellos se han portado muy bien.

—Ayer me dijiste que hoy iban de paseo. ¿Cómo les fue?

Emeterio, quien padecía de incontinencia verbal, se adelantó a su madre.

21

—Papá, se nos apareció una bruja —dijo provocando la molestia de ella.

—¡Que! ¿Qué es eso de una bruja, María de la Luz?

—Ah, no tiene importancia. Me distraje y nos alejamos de la alameda.

—Era una vieja fea que empezó a gritarnos cosas, papá —interrumpió Emeterio.

La expresión de don Ramón se ensombreció. Dejó de comer y se quedó observando a su esposa.

—¿Cómo es eso de que te distrajiste?

—Estaba muy preocupada por tu salud, Ramón.

—Está bien, pero aclárame eso de la bruja.

María de la Luz dudaba si usar las mismas palabras de la india.

—Una anciana de la tribu colla se nos acercó y nos acusó de ladrones.

—¡Que sandeces estoy escuchando! Nosotros, ¿qué le hemos robado a ella? ¿Qué felonía es esa?

—No a ella. A su hermana, una tal Flor.

—¿Flor Normilla? Pero si esa mujer murió muchos años atrás. No entiendo de qué puede estar hablando esa mujer.

—Es lo mismo que me pregunto yo —dijo María de la Luz frunciendo el ceño.

—Papá, papá, ella dijo algo más —ahora interrumpió la pequeña Isidora.

—¡Isidora, qué fue lo que acordamos!

—A ver, María de la Luz, nada de secretos conmigo. Quiero que me cuentes todo lo sucedido. Precisamente ¿de qué nos acusó la anciana?

En ese instante entró Rosa trayendo en una bandeja el segundo plato de la cena. Casi tropieza con la alfombra por estar atenta a la conversación de sus patrones y que ella misma fue testigo.

Entonces María de la Luz no tuvo otra alternativa que relatar lo sucedido, exceptuando lo de la amenaza de maldición.

—La bruja dijo que sufriríamos muertes y desgracia, papá —interrumpió Isidora ignorando el gesto de silencio que estaba haciendo su madre.

Todas las miradas se dirigieron hacia don Ramón, quien palideció de furia.

—Me has hecho recordar cuando era gobernador de Copiapó. Sé de lo son capaces estos indígenas.

Don Ramón conocía la forma en que su cuñado había logrado ser dueño de la mina en Chañarcillo, pero solo por boca de éste. ¿Acaso habría detalles que él ignoraba?

Empuñando sus manos golpeó la mesa y se levantó de su asiento.

—Tú tienes la culpa, María. Tanto que te he dicho que no salgas sola con los niños. ¿Por qué exponerse a los peligros de la calle? ¿Acaso no te he mencionado la clase de pelafustanes y malvivientes que andan por ahí para causar perjuicio?

—No te enojes conmigo, Ramón. Solo queríamos refrescarnos del calor de estas soledades. Mi culpa fue alejarme de la alameda. Te prometo que no se volverá a repetir.

—¡Claro que no se repetirá! A partir de hoy no saldrás de casa si no es en mi compañía. No debes comentar este asunto con nadie. Esto va también para ti, Rosa. ¿Queda claro?

Rosa dejó la bandeja en la mesa y salió del comedor llorando.

4

La noche se presentó interminable para don Ramón. No podía dejar de pensar en la charla con su familia. ¿Qué podría haber causado los exabruptos de la anciana Liquitaya? Lo que estaba exigiendo era simplemente imposible. Él y sus socios trabajaban cerca de diez años explotando la mina de plata y no había sido fácil. Recordaba lo difícil que fue reclutar trabajadores. Fueron décadas de lucha por lograr un contingente de mineros disciplinados y obedientes. Muchos, para aceptar laborar en la mina exigían un anticipo en dinero y cuando lo obtenían, desaparecían. Aún otros robaban pequeñas cantidades de metal o piedras metalíferas que acumulaban para luego venderlas a los fundidores ilegales. El cangalle era el pan de cada día. Es cierto que al principio habían logrado reclutar obreros indígenas del poblado de San Fernando y se les disciplinó a punta de latigazos y castigos en el cepo; solo así fue posible lograr un proletariado obediente. ¿Estaría Liquitaya a la cabeza de una rebelión? Se les paga lo que corresponde. Tanto es así que el gerente don Matías Cousiño no ha reportado informes de quejas al respecto. Pero devolver la mina a los Godoy…una locura.

A la mañana siguiente decidió comentar el tema con sus socios. No temía las maldiciones de los indígenas, pero podría ser el germen de una insurrección de los trabajadores instigados por los Godoy.

Ordenó ensillar su caballo y se dirigió a la casa de don Francisco Ignacio Ossa. Por fortuna, éste se encontraba en Copiapó. Sus responsabilidades como senador de la República lo mantenían retenido en Santiago la mayor parte del año. El señor Ossa había comentado días antes cómo los numerosos hallazgos de mineral de plata en el norte estaban haciendo ruido al gobierno central.

Al llegar, la sirvienta lo condujo ante la presencia del político, el cual se encontraba trabajando en su despacho. El señor Ossa lucía impecablemente vestido y su rostro sereno enmarcado por largas patillas le sonrió. Se saludaron con un fuerte abrazo.

—Francisco, ha ocurrido un incidente que me tiene muy intranquilo. Creo que debemos darle atención. Es algo que podría afectar la buena reputación de nuestra sociedad.

—¿Qué ha pasado, Ramón? Me asustas. Estás pálido. ¿Te sientes bien?

—Mi salud está buena, a pesar de que estoy muy preocupado.

Entonces el señor Goyenechea se refirió el encuentro de su esposa con la anciana en las cercanías de San Fernando.

—Vamos —exclamó don Francisco alzando los brazos— No puedes tomar en serio las amenazas de una vieja. Muertes y desgracias les ocurren a todo el mundo. Son inevitables.

—Sí, mientras no le ocurran a uno. También pueden ser provocadas. Conozco las gentes de estas tierras. Recuerda los problemas que tuve con los peones de minas en 1823, cuando era gobernador de Vallenar.

—También los tuvo Miguel antes que tú, cuando él era gobernador. Ahora bien, volviendo al tema que te preocupa. Puedo dar fe de que todo el negocio estuvo apegado a la ley. Me consta. Miguel no robó los derechos a la rica veta de plata a los Godoy. Se los compró. Nadie los forzó a vender su parte.

—Entonces, ¿cuál sería la razón para que la anciana amenazara con algo tan grave?

El ex alcalde del municipio frunció su nariz aguileña y replicó:

—Pero, Ramón, ¿acaso tú crees en los conjuros o maleficios? Son cosas de los indígenas ignorantes. Además la Santa Madre Iglesia los condena. ¡Vamos, amigo!

—Me preocupa que Juan Godoy se presente ante los tribunales exigiendo la anulación de la venta aduciendo estafa.

Don Francisco Ignacio lanzó una carcajada y empezó a enumerar con los dedos de su mano.

—¿De qué hablas, Ramón? En primer lugar la venta fue en julio de 1832 o sea más de nueve años atrás. En segundo lugar la venta se efectuó por un documento extra judicial. La escritura fue firmada por don Domingo García y don Eduardo Miller ante tres testigos. Y por último ¿Tú crees que dos pobres mestizos puedan reunir un caso judicial después de tanto tiempo? Que les haya ido bien o mal en los negocios es un asunto solo de ellos.

Don Ramón se quedó meditando en las palabras de su socio. Le encontraba razón. Sin embargo, algo le decía que una sombra funesta se les venía encima. Algo inquietante y pavoroso.

—No sé qué va a opinar Miguel de todo esto.

—Pero, ¿qué va a opinar? Nada distinto a lo que te he dicho. Mira, es mejor dejar el asunto hasta aquí y evitar que Miguel se entere. Lamento que tu esposa haya sufrido esta amenaza carente de sentido.

—Tienes razón. Es mejor no tocar este tema con Miguel —dijo pellizcándose el mentón despejado. Detestaba los bigotes y las barbas tipo chivo.

No obstante la opinión de su socio, don Ramón estaba determinado a despejar sus dudas sobre el asunto de la propiedad de la mina en el cerro Chañarcillo y a despejar ese oscuro temor que le dominaba. En consecuencia, se dirigió a la casa de los Gallo. Le recibió doña Candelaria, quien le informó que su marido estaba recorriendo las minas que poseían en Chañarcillo. El cerro estaba situado al sureste de Copiapó a una distancia de una jornada o dos, si uno se detenía a tomar un refrigerio en los pueblitos de medio camino.

Impulsado por la sensación de que algo terrible iba a pasar, al día siguiente ordenó ensillar su caballo. Ordenó le guardaran pan, charqui y una botella de vino en la alforja. Cuanto antes se aclararan los dichos de la india, más tranquilo se sentiría.

5

Cerca de la garganta de la mina, en un terreno plano, se ubicaban las instalaciones de la Descubridora. Era un complejo de construcciones de adobe y madera, conformando oficinas, bodegas y otras construcciones tipo galpón circulando un amplio patio donde se amalgamaba el mineral de plata. Don Miguel se encontraba sentado en la oficina de los mayordomos analizando las últimas cifras de producción de plata junto al administrador general de la Descubridora en el momento que entró don Ramón cubierto de polvo.

—¡Que gusto de verte, cuñado! Toma asiento. Ya finalizábamos con don Matías.

—Miguel, don Matías, que tengan buen día —saludó don Ramón.

—Con seguridad debe venir muy cansado, don Ramón. Si me permite, ordenaré sirvan un refrigerio para que se reponga. ¿No tuvo inconvenientes en el camino? —ofreció don Matías solícito.

—Semanas que no venía a Chañarcillo. Se me había olvidado lo fatigoso que es volver acá.

—Muy cierto cuñado, pero cuéntame ¿qué novedades hay? Estaba por regresar a Copiapó para llevarte los informes de producción y exportación de plata.

—Tengo un asunto familiar que tratar contigo, Miguel.

—En ese caso pediré a don Matías que nos deje solos.

—No es necesario. Es más, es imprescindible que esté presente y escuche lo que te voy a referir.

Don Matías, que se había levantado de su asiento, se sentía intimidado por sus patrones de mayor corpulencia y estatura. Los miraba alternadamente indeciso si salir o quedarse. Por fin se sentó.

—Tienes razón, Ramón. Don Matías es casi de la familia. Un pajarito por ahí me ha contado que está formando su pequeña fortuna también. ¿No es verdad, don Matías?

—La gente tiende a exagerar, don Miguel.

—Vamos, don Matías, que la Villa de Copiapó es muy pequeña y todo se sabe.

A continuación, don Ramón relató lo sucedido en las cercanías de San Fernando.

Después de escuchar las pretensiones de Liquitaya, don Miguel se puso bruscamente de pié y su vozarrón se escuchó a varios metros de la oficina.

—¿Cómo se atreve esa señora a decir que yo les robé los derechos o que los estafé? Ellos no querían ensuciarse las manos ni invertir como yo lo hice. Te consta Ramón que me vi obligado a formar sociedad contigo y Francisco. Ustedes aportaron el dinero necesario para la habilitación de la mina.

—Es cierto, Miguel. La culpa es de ellos. Se gastaron el dinero que les pagaste en farras y tomateras. El caso es que ahora andan amenazando con maldecirnos. Es el colmo.

—Si me permiten una opinión.

—Hable don Matías.

—Es cierto que los Godoy han derrochado su dinero en cuanta chingana hay en Copiapó, La Serena y alrededores. En todo caso, interpretando las palabras de la anciana Liquitaya, tal vez lo que está pidiendo es una ayuda monetaria en estos momentos difíciles que están viviendo.

—Claro que ayudé a Juan —bramó don Miguel—. Tú sabes Ramón que le tendí al mano cuando me pidió ayuda años atrás. Al enterarme de su desmedrada situación económica le di una "dobla" que le produjo la suma de catorce mil pesos. ¿Y qué hizo? Volvió a la "timbirimba" y se lo gastó todo.

—Tengo entendido que con ese dinero compró una parcela en el sector de La Pampa, en los alrededores de La Serena —terció don Matías.

—Propiedad que también perdió. ¿No es así? Definitivamente no debemos tirar el dinero que nos ha costado tanto arrancar a este cerro —dijo don Miguel y se volvió a sentar.

—No sé, Miguel. Yo no quiero que el pueblo se quede con la impresión de que nos hemos enriquecido a costa de la ruina de otros.

—¡Que pueblo ni que pueblo! Lo peor es escuchar a esa pandilla de rotos e indios flojos. No debemos prestar atención, Ramón. Recuerda la maledicencia de esta gente cuando integrábamos los cabildos.

Don Matías, comprendiendo que el asunto podría salirse de curso, intentó conciliar los ánimos planteando alternativas.

—A fin de mantener al peonaje en paz y en aras de evitar que se sientan justificados a seguir hurtando mineral, vendiéndolo a las fundiciones clandestinas, propongo mostrar un gesto de buena voluntad. Que perciban que nuestros negocios son para la prosperidad de todos.

—¿En qué está pensando, don Matías? —interrogó don Miguel encendiendo un cigarrillo que acababa de liar.

—Estaba pensando si no sería buena idea escribir al Intendente de Atacama solicitando denominar "Juan Godoy" a la explanada donde se ha establecido La Placilla; a los pies del cerro Chañarcillo. Como sabemos, allí se ha instalado numeroso comercio y algunos han levantado ranchos para pasar la noche. La población del lugarejo está creciendo y quizá con el tiempo alcance a ser pueblo.

—¿Qué opinas tú, Ramón?

—No es mala idea —dijo encogiéndose de hombros—. No nos costará nada y se interpretará como un reconocimiento o tal vez un homenaje a los Godoy, dándoles el crédito de descubridores.

—Si me permiten, quisiera agregar algo más —se atrevió a decir don Matías.

—¿Qué más, don Matías? ¡No irá a proponer que también mandemos a instalar un monumento del arriero Juan Godoy en la plaza de armas de Copiapó!

—Podría ser, don Miguel, pero considero un asunto más urgente en estos momentos. Muchos peones duermen en los cerros, en cuevas o donde pueden, sufriendo los rigores del desierto.

—Lo que usted sugiere es que construyamos viviendas para que alojen en La Placilla. ¿No es verdad? —sin dar tiempo a contestar, don Miguel prosiguió— Lo veo complicado. Son muchas las minas en explotación con una multitud de propietarios. Creo que eso ya es materia del Cabildo en Copiapó. De todas maneras expondré el asunto a la Sociedad Minera.

Siendo ya medio día, don Miguel dio por terminada la reunión.

—Ramón, cuñado, olvídate de las amenazas de una pobre anciana y si gustas acompañarnos tomaremos el almuerzo que don Matías mandó a preparar.

Mientras don Ramón esperaba la comida observaba a los trabajadores por una ventana que daba a un patio de tierra que normalmente se usaba para el acopio de mineral. Lentamente se reunían en torno a los calderos. Un sirviente repartía una abundante ración, la cual día a día era la misma: porotos guisados con grasa y ají, pan y una porción de agua con harina tostada llamada frangollo. La carne en forma de charqui solo estaba disponible una vez por semana.

A pesar de lo dura de la vida del minero, ellos se notaban contentos comiendo, contando chistes o burlándose de algún otro compañero menos avispado.

Cuando el sirviente entró a la oficina con bandejas con cazuela de gallina, verduras frescas, vino, frutas y café, don Ramón sintió que su rostro enrojecía. Algo le incomodaba.

Capítulo 3

1

D on Miguel Gallo Vergara, con sus 39 años de edad a cuesta, se sentía cansado. El día transcurría caluroso, agobiante, y su cantimplora estaba vacía. Venía montado sobre su caballo por el desierto entre manchones de algarrobos y chañares. Tiraba de dos mulas cargadas con enceres, víveres y herramientas; tan sedientas como el minero. Se dirigía hacia Punta Pajonales, ubicada cerca del cerro Chañarcillo. Seguía la huella conducente a la posada de la india Flor Normilla. Algunos años atrás, ella y sus dos hijos, Juan y José, se establecieron por esas soledades con su majada de animales.

Embelesado contempló las tonalidades gris rojizas que iban tiñendo las cadenas de cerros al atardecer. Apresuró el paso a causa de la brisa fresca que anunciaba la noche. La experiencia acumulada tras recorrer aquellos parajes por años, le enseñaron que era mejor estar bajo cobijo a causa del descenso brusco de la temperatura del desierto nortino.

Pasaría la noche en la posada de Flor y mañana continuaría su camino hacia el ingenio, denominación dada a una primitiva fundición de cobre a leña del sector del Molle. Dicho ingenio lo explotaban en sociedad con su padre. Estaba ubicado en un quebrada cercana y daba vista a Chañarcillo, cerro cubierto de chañares de corteza verde amarillenta y que parecía un tanto desprendido de la sierra.

Su estado de ánimo no era el mejor. Decepcionado por los magros resultados en la búsqueda de ricas vetas de mineral de plata, le preocupaba la baja internacional de los precios del cobre. Las deudas se acumulaban. A esta situación se sumaba la escasez de mano de obra para el trabajo minero; un problema que él conocía muy bien. Recordaba que menos de diez años atrás, cuando era gobernador de Vallenar, escribía al Intendente que no encontrando reclutas en el distrito para la guardia cívica debió echar mano a los peones de mina con las consecuentes quejas de los patrones mineros.

De modo que don Miguel se había lanzado a los montes, él solo, al cateo del mineral de plata. Era una zona que se extendía entre la ciudad de La Serena y La Villa de Copiapó. En última instancia se conformaría con encontrar veneros de mineral de cobre de buena ley. Estaba seguro que dichos descubrimientos atraería a más trabajadores.

Flor aguardaba parada en el umbral de la choza. A lo lejos divisaba a su hijo Juan acercarse luego de conducir al corral el pequeño hato de cabras y ovejas. La vegetación aún era abundante por las quebradas, sin embargo las escasas lluvias del último año no auguraban nada bueno. Tres años atrás habían sido copiosas, lavando los cerros y abriendo surcos de tal manera que asomaban las betas de ricos minerales, llamando a catadores y aventureros. Arribaban muchos y de diferentes países. No obstante para Flor seguía siendo difícil sobrevivir en aquellas soledades.

—Mijo, venga, arrímese al fogón. Le tengo preparada la comida.

El rostro ovalado y lampiño del joven, quemado por el fuerte sol pampino, dejó entrever una sonrisa de agrado.

—Sí, madre, *dentrando* mi mula y mi morral nomás y voy al tiro.

El robusto joven sacudió el polvo de sus gruesas medias de lana de oveja, golpeó contra el piso sus ojotas e ingresó a la choza.

Don Miguel Gallo también iba llegando. De un metro ochenta de estatura se destacó en el umbral de la humilde vivienda. Al igual que Juan, el fuerte sol dejaba su huella. Con la diferencia que en la blanca piel de don Miguel la saña de los rayos solares era peor. Ambos hombres se sentaron alrededor del fogón servidos por la india Flor.

Una vez satisfecha la feroz hambre, liaron y encendieron cigarrillos. La mezcla de humo de tabaco y de los ardientes leños del fogón daba al ambiente un tono hogareño. Cualquiera que hubiera visto a ambos hombres compartir las experiencias del día, nunca hubiera pensado lo diferentes que eran.

El mestizo Juan Normilla nació en el pueblo indígena de San Fernando, en un sector rural inmediato a Copiapó. Nunca conoció al progenitor de sus días. Analfabeto, se había dedicado a diversas labores mineras para terminar ayudando a su madre en cuidar el hatillo de animales, fundamentalmente para sobrevivir en aquellos desolados parajes. Era, además vendedor ocasional de leña para las fundiciones de cobre que existían en las cercanías. Los lugareños lo identificaban cuando se acercaba porque imitaba a la perfección el canto del gallo. Siempre andaba escuálido de dinero. Ya debía 170 pesos a don Santiago Meléndez, su patrón, por arriendo de borricos y anticipos a cuenta de sus ventas de leña. Deuda difícil de pagar. Por esta razón se había lanzado también a los cerros al cateo del mineral de plata.

En contraste, don Miguel era un hombre culto. Nació en la ciudad de La Serena donde realizó sus primeros estudios. Terminados éstos, se desplazó a Copiapó para trabajar con su padre en el beneficio de metales en el ingenio El Molle. Su padre era un inmigrante genovés de apellidos llamativos: José Antonio Gallo y Bocalandro. Aún siendo muy rudimentarias las técnicas con que se trabajaba el cobre y la plata, permitieron a padre e hijo acuñar una modesta fortuna durante el período de la Colonia; al igual que muchos miembros de la elite criolla que fundaron sus patrimonios en ese período.

Miguel, hombre de frente amplia, cabello castaño oscuro y anchas espaldas, sirvió en la compañía de fusileros del Ejército Realista de la corona de España con el grado de teniente. Posteriormente encabezó los procesos independentistas en su ciudad natal ocupando varios cargos. Se casó con Candelaria Goyenechea, hija del industrial minero Pedro Antonio Goyenechea, lo que acrecentó su prestigio social. En 1817 fue gobernador de

Copiapó. Hasta ese entonces era conocido por ser generoso y bondadoso con todos.

Avanzada la noche, Miguel permanecía sentado, solitario, con la vista fija en las brazas moribundas del fogón. Flor, que le había tomado gran aprecio, se acercó.

—Usté, don Miguel, parece preocupado. ¿Cómo anda la cata de plata? ¿Nada aún?

Miguel negó moviendo la cabeza.

—El problema, apreciada Flor, es que he invertido ya tanto dinero y esfuerzo en esto que llaman minería, con tan magros resultados, que estoy por renunciar y volver a La Serena a dedicarme a la agricultura. Echo mucho de menos a mi querida Candelaria. Ni hablar de mis cinco hijos. La situación se está volviendo desesperada.

—A mí me da mucha pena verle así. Usté merece una suerte mejor. Ha sido tan rangoso conmigo. Siempre me trae algún regalito —dijo Flor y posó su mano sobre el hombro del minero—. Le voy a contar un secreto que me dejó mi hombre antes de abandonarme, tal vez a causa de la mala conciencia de dejarme sola con mis dos hijos.

—Qué cosas dices, mujer. Tu bondad hacia mi persona ha mitigado las tristezas de mi destino. A los Matta y los Ossa les sonríe la suerte. A mí no. Me da mucha envidia. Lo único que logro es acumular deudas.

—Escuche. Escuche con atención. Usté puede ser rico en un instante con la revelación que le voy a contar.

—Flor, ya te dije que no me debes nada. Sabes que me encanta pasar a descansar a veces en tu posada y donde me colmas con atenciones. Suficiente con eso.

—Solo son unos mates y de vez en cuando un cabrito asado. No, igual se lo voy a decir: Conozco un lugar donde encontrará un inmenso depósito de plata.

Miguel guardó silencio por respeto a Flor. Había escuchado tantas patrañas con que la fantasía de los cateadores suplían los desengaños cosechados en sus ásperas andanzas tras la fortuna que no dio importancia al ofrecimiento de ella.

—Está bien, Flor, me lo contarás otro día y juntos iremos al lugar que conoces. Ahora me muero de sueño. Discúlpame, pero me voy a dormir. Buenas noches.

—Buenas noches, don Miguel. No se olvide de lo que le prometí.

—Sí, sí, Flor. No te preocupes —dijo fingiendo un gran bostezo.

Esa noche, a pesar del cansancio, a don Miguel le costó conciliar un sueño reparador. Las palabras de Flor resonaban en su cabeza. Recordaba sus fracasos de cuatro años atrás cuando con el indígena José Alcorta hallaron un filón de mineral de plata en el paraje de La Cantera, cerca de Agua Amarilla. Sin embargo la veta no fue de importancia. Meses después, en el cerro Bandurrias descubrieron tres vetas que mostraban pedacitos de plata reluciente; finalmente se agotaron a poca hondura y tuvieron que abandonar los trabajos. José Alcorta siguió su propia senda, dejándolo solo y endeudado en su prospección minera.

La intención de verificar el secreto de Normilla fue quedando en el olvido. No obstante, transcurrido algún tiempo, llegó el día. Una fecha que don Miguel Gallo Vergara, hermano del abuelo de Isidora, nunca olvidaría: 19 de mayo de 1832.

2

La luz mortecina del atardecer se colaba por la ventana de la pobre choza. Flor debió recostarse pues se sentía enferma. Acerca de su dolencia no había hecho mención, pero hoy las punzadas en su pecho eran como las coceaduras de un asno embravecido. Le atravesaban de lado a lado. Presintió su muerte.

Una hora más tarde llegaron Juan y José. Extrañados al no ver a su madre esperándolos en el umbral, según su costumbre, de inmediato pensaron que algo malo estaba sucediendo.

En un rincón de la habitación yacía Flor en su lecho de paja. Una mortal palidez se había apoderado de todo su cuerpo.

—Acérquense, hijos míos —dijo.

—¿Qué pasa, madre? ¿Te sientes mal?

—Ha llegado la hora de partir a reunirme con mis parientes. No hay nada que hacer. Antes de que emprenda el camino tengo algo importante que decirles.

—¡Qué dices, madre! No vas a morir —dijo Juan arrojándose al borde del lecho.

—Dos cosas quiero decirles —prosiguió—. Ya saben que he dado todo por ustedes, a pesar de que nuestra vida ha sido de grandes pobrezas y menesteres.

Los jóvenes se situaron uno a cada lado de la progenitora de sus días.

Flor abrió sus brazos y tomó las manos ambos. La débil iluminación daba a los presentes un aspecto de infinita tristeza.

—Tienen que prometerme que cumplirán con mi última voluntad.

Los dos movieron la cabeza en señal afirmativa.

—De hoy en adelante llevarán el apellido de su padre: Godoy.

—Pero madre, él nos abandonó siendo nosotros muy pequeños.

—Lo sé. Pero cada vez que les pregunten por sus nombres dirán: Juan Godoy y José Godoy.

—Está bien, eso haremos —dijo José de mala gana.

—Después de mi muerte buscarán a don Miguel Gallo y se dirigirán con él al cerro Chañarcillo. Una vez allí, buscarán por la ladera norte, casi a los pies del cerro, un gran manchón de chañares. Ahí se oculta una gran veta de bolones de plata.

Los muchachos escuchaban con la boca abierta. Se preguntaban si su madre deliraba por la cercanía de la muerte. Flor prosiguió. Tenía prisa.

—Este secreto que he guardado por muchos años será mi herencia para ustedes y don Miguel. Quiero verlos desde el cielo convertidos en hombres ricos y respetables.

—Pero madre, ¿por qué metes a don Miguel en esto? ¿No debería ser para nosotros dos solos la riqueza que provenga de esa mina? —preguntó Juan.

—¿Y qué sabes tú de minería? ¿Tienes dinero suficiente para habilitar la explotación de la mina? No sabes leer ni escribir ¿Cómo harás los trámites de inscripción del yacimiento? Por tu aspecto de mestizo no te tomarán en serio. Te robarán. Eso es lo que va a pasar si no se arriman a la sombra de un buen árbol. Don Miguel sabe del secreto y le prometí que se beneficiaría. Es un hombre recto y generoso. Yo no me equivoco con las personas. Él no los va a engañar.

Los argumentos de Flor eran contundentes, de modo que los hermanos prometieron a la moribunda que dividirían la riqueza en partes iguales.

Dos días después, expiró en paz.

La enterraron cerca de la posada y señalizaron el lugar con una cruz de madera ya que ambos habían sido bautizados en la Catedral de Copiapó. Finalizado el humilde funeral, los hermanos se abrazaron llorando desconsoladamente.

3

Al alba del 16 de mayo de 1832, los hermanos Godoy aprestaron sus mulas y se dirigieron al lugar que les señaló su madre. Juan conocía bien la ruta. La había recorrido con frecuencia en la búsqueda de leña para vender a los fundidores de mineral de cobre. No les costó demasiado encontrar el sitio preciso indicado por su madre. Después de despejar el lugar de chañarales, los ojos de ambos se abrieron desmesuradamente ante el descubrimiento de un crestón de plata de vara y media de altura. En seguida cargaron dos piedras del rico mineral y abandonaron el lugar en busca de Miguel Gallo. Sus rostros brillaban de emoción. Confiaban que lo encontrarían en la hacienda Punta Negra.

Cuando se presentaron, salió a recibirlos José Callejas, cateador al servicio de don Miguel. El hombre salió corriendo en busca de su patrón presintiendo buenas noticias.

Extrañado por tal inusual visita, don Miguel les saludó con amabilidad. Con la respiración entrecortada Juan le refirió los sucesos acaecidos la última semana y cuál fue la voluntad de Flor antes de fallecer. A don Miguel se le llenaron los ojos de lágrimas al contemplar los bolones de plata que sostenían en sus brazos los Godoy. Sintió remordimiento por no haber creído en la india.

Ya más calmados y acomodados en el living de la casona, don Miguel hizo traer una botella de vino y vasos. Mientras servía el vino les aseguró a los hermanos que no le molestaba en absoluto compartir el descubrimiento.

—A la mina, cuya denuncia haremos en unos días más, la llamaremos Descubridora en honor a nuestra querida Flor. ¿Están de acuerdo? Pero primero quiero echarle un vistazo al lugar. Mañana partimos para allá.

José Callejas, que estaba escuchando todo en la habitación contigua, se frotaba las manos. Esa misma noche iría donde los Peralta a informarles de lo que por casualidad se había enterado.

4

A la mañana siguiente, Copiapó amaneció agitado. El ruido vago del hallazgo de los Godoy puso en movimiento a muchos cateadores y aventureros. Los Peralta eran de esta última clase.

El único que sabía del rumbo que habían tomado don Miguel y los Godoy era Callejas; información que transmitió a los hermanos Peralta a cambio de la promesa de participar en los beneficios. Sin perder tiempo, ensillaron sus mulas y partieron a trote tras ellos.

Cuando llegaron al yacimiento, a don Miguel se le hizo claro la magnitud de la veta argentífera, pero fingió indiferencia. Al igual que un experimentado cateador, se paseó por el lugar mirando cerro arriba y cerro abajo; emitiendo gruñidos de aprobación y frotándose la barba de chivo que le cubría su fuerte mentón.

En la tarde del 18, en el momento que contemplaban extasiados el rico reventón divisaron con sorpresa, en lo alto del cerro, a cuatro hombres que se abrazaban entre sí dando gritos de alegría. Eran los Peralta y dos secuaces más. Era necesario volver urgente a Copiapó.

Ensillaron de toda prisa los caballos y se lanzaron a galope tendido por los caminos. Detrás le seguían los Peralta. Dos grupos de mineros separados por no más de tres cuadras fustigando con dureza sus corceles; dos nubes de polvo levantados por los cascos de los jinetes en medio de las soledades del desierto luchando por llegar primero.

Debían recorrer una distancia de diez leguas hasta Copiapó. Saliendo del lugar del hallazgo, avanzaron una hora subiendo por un valle profundo y estéril. Luego, la huella del camino bajaba hacia el norte dando vueltas y revueltas. Alcanzaron un cerro alto y abrupto para galopar por una quebrada larga y estrecha. Pronto abandonaron el montón de cerros cordilleranos y empezó a verse vegetación al llegar a un puente. Siguieron la ruta que marcaba el fluir del río Copiapó en dirección al norte y pasaron por los caseríos de Potrero Seco, Totoralillo y Cerrillos hasta un pueblo más grande llamado Nantoco. Los Peralta no se divisaban; habían quedado rezagados, sea que se hubieran perdido o por el hecho que montaban mulas. Don Miguel y los Godoy decidieron entonces detenerse para darles de beber a las bestias y comer unos trozos de charqui, pan y beber algo de vino.

Ya amanecía y la luna llena se ocultaba entre los cerros. Reiniciando la marcha, pasaron por el caserío Mal Paso, arribando a un ancho valle enmarcado por cerros que los mineros llamaban Punta de Cobre y que a esa hora empezaban a subir con sus mulas a seguir extrayendo mineral cuprífero.

Al divisar Tierra Amarilla recuperaron la calma, conscientes que faltaba muy poco para arribar al centro de Copiapó. Era cuestión de seguir el río que transformaba el valle en un vergel hasta donde alcanzaba la humedad. Elevados cerros desprovistos de vegetación les flanqueaban. Sus rocas oscuras se mostraban cruzadas por infinitas vetas cupríferas de bellísimos colores azules y verdes. Pero no había tiempo para contemplar la belleza del paisaje.

En Copiapó, a las once de la mañana del 19 de mayo de 1832 se presentaron los tres hombres ante el juez de minas pidiendo una veta de metales de plata, que según declararon jadeando, haber descubierto en las sierras de Chañarcillo, dando vista a la quebrada de Molle y a Bandurrias, en cerro virgen. Una presteza en vano. Lejos estaba en los Peralta usurparles el descubrimiento. En la cima del mismo cerro ellos habían encontrado su propio filón; un riquísimo manto que inscribieron como El Manto de los Peralta. El cuerno de la diosa Abundancia se abría para muchos, entre ellos la familia Gallo Goyenechea, derramando las tan esperadas riquezas.

5

Días después del histórico hito, Juan y José se apersonaron en la hacienda Punta Negra. Juan se paró frente a don Miguel decidido a actuar como vocero de los dos. En una posición de humildad y respeto, semejante a quién se dirige a su patrón y no a un socio, estrujando el borde de su sombrero, le preguntó:

—Don Miguel, ¿cuánto cree que vale la mina?

—Pues, hombre, el dinero no se verá inmediatamente. Es necesario cumplir con ciertas faenas previas. Lo primero que haremos será la mensura de la mina Descubridora y fijar los deslindes con el Manto de los Peralta, que también presentaron su solicitud de denuncio. Para ello, tengo pensado hablar con el señor don Santiago Aldunate, intendente del departamento de Copiapó para contratar un perito. Podría ser don Hipólito Belmont, por ejemplo. Veremos cómo anda de tiempo este señor. No creo que pueda ser antes de septiembre —se apresuró a añadir al ver la cara de sus socios— pero no se preocupen. El cerro es grande y alcanza para que se instalen muchas minas.

—Septiembre —repitieron ambos hermanos con el semblante alicaído.

—Sí pues, hombre.

—Verá, don Miguel, nosotros somos pobres y necesitados y lo único que nos ha quedado claro, con lo que nos ha explicado, es que va a pasar bastante tiempo antes de ver los pesos.

—Así es este negocio, Juan. Se necesita paciencia y tesón para ser minero.

Los hermanos se miraron entre sí, murmuraron algo y después de una pausa se atrevieron a proponer sus ideas.

—Don Miguel, que tal si nos adelanta algún dinerillo por ahí. Por supuesto a cuenta de las ganancias, digamos.

—Mira, Juan, yo los estimo mucho a ustedes y por la memoria de su madre les digo que para mí también es un negocio riesgoso. En el pasado he tenido malas experiencias al respecto, así que no me atrevo a arriesgar sumas contra nada sólido. ¿Me entienden?

—Es que tendremos que esperar mucho tiempo —insistieron.

—Lo que yo podría ofrecerles sería comprarles los dos tercios de ustedes. Antes, claro, tendría que estudiarlo con mi contador.

El rostro de Juan se iluminó.

—Eso nos parece muy bien, don Miguelito. ¿Verdad, José?

—Les repito: lo tendría que estudiar para fijar una suma justa.

—Nuestra madre siempre nos decía que usté era de fiar. Mande nomás.

—Vuelvan en dos días más y les tendré una oferta.

Esa noche el minero no durmió pensando. El denuncio formal ya estaba hecho. El ofrecimiento de compra ya estaba hecho. Ya no podía echarse atrás. El punto neurálgico era el riesgo. El miedo a fracasar le atormentaba. Era apostar todo por el todo. Por su mente desfilaron todos sus seres queridos: su esposa, sus hijos, su padre e incluso Flor. Mañana a primera hora viajaría a la ciudad de La Serena. Precisaba de todo apoyo posible. "Todo por el todo" repitió hasta que el sueño, a la madrugada, lo venció.

Siete días después del denuncio, los Godoy, por un documento extrajudicial, vendieron sus dos terceras partes de la veta Descubridora a su socio Gallo. Todos y ante tres testigos firmaron un simple documento que fijaba el precio de venta en la cantidad de 8.745 pesos.

Se fijó un plazo de 60 días para entregar el pago, el cuál sería de la siguiente forma: 1.245 pesos en dinero (Era todo el efectivo de que disponía), entrega de la hacienda Punta Negra, de propiedad de los doctores Sierra o 6.000 pesos en dinero si don Miguel no pudiera comprarla en ese precio (dinero que debería conseguir en préstamo) y un sitio de su propiedad ubicado en una esquina de la plaza de Copiapó, avaluado en 1.500 pesos.

Sucedió que al final del plazo acordado, don Miguel, que no pudo lograr que le vendiesen la hacienda Punta Negra, entregó a los Godoy la suma en dinero de 7.245 pesos en billetes y el sitio de la plaza. Una pequeña fortuna para los pobres mestizos.

No hubo discusión entre los hermanos en repartirse las sumas que recibieron por la venta de sus derechos. Derechos sobre lo que hasta ese momento era solo una posibilidad.

A la postre, la cifra por la venta fue ridícula si la comparamos con las grandes ganancias para quienes se quedaron con el total de la pertenencia. La cifra de producción para 1834, dos años después, fue de 1.520.000

pesos, es decir, a los Godoy se les pagó menos del uno por ciento de la riqueza que se comenzaba a generar. Y fue solo el inicio.

Lograr la fortuna deseada no estuvo exenta de problemas para don Miguel Gallo Vergara. Intuyendo la cuantía de trabajo que iba a significar la explotación de la mina y los capitales necesarios para este efecto, decidió pedir ayuda al hermano de su esposa: don Ramón Ignacio Goyenechea de la Sierra. Este había enviudado en 1823 y contaba a la fecha con 39 años de edad. Sería un accionista valioso. Minero, de familia minera, y además le sería útil por sus conocimientos de abastecimientos de insumos indispensables para la extracción de plata; por ejemplo, el Azogue. Le vendió dos partes de la Descubridora por un precio simbólico de 3.476 pesos. También incorporó al negocio a otro accionista: don Francisco Ignacio Ossa, diputado electo en las Asambleas Provinciales por Copiapó y muy bien relacionado en la política y con los financistas criollos.

Aunque la mina Descubridora afrontó algunos pleitos legales, no tantos como otros propietarios, su producción fue en ascenso. Los pleitos se debían más que nada a las formas primitivas de efectuar las mensuras, es decir, de establecer los límites de la explotación de cada veta de mineral. En vez de considerar las direcciones de las vetas, se hacían a cordel tendido, siguiendo las ondulaciones de la superficie del terreno. De modo que un yacimiento podría producir por un tiempo, pero si la veta seguía en dirección a la mina del vecino hasta ahí llegaba la explotación. Sin embargo, ésta forma de mensura favoreció a la mina Descubridora y la suerte continuó de lado de los Gallo Goyenechea por bastante tiempo.

6

Extrañamente, a los hermanos Godoy, que eran huérfanos y habían llevado una vida solitaria con su madre en su humilde choza, les surgieron de la nada, tíos, primos y una gran cantidad de amigos. En especial, apareció una anciana llamada Liquitaya. Ella afirmaba ser hermana de Flor y gozaba de gran prestigio por ser una "meica" eficaz. Nadie ponía en duda el mentado parentesco. Además era temida por su capacidad de invocar maleficios y maldiciones.

Liquitaya amaba entrañablemente a sus sobrinos. Con el correr de los años, la indígena observaba cómo éstos dilapidaban el dinero obtenido por la venta de sus derechos sobre la Descubridora. A paso lento, pero inexorablemente, la pequeña fortuna de los Godoy disminuía a medida que los beneficios de la mina crecían para los Gallo Goyenechea.

En el pueblito de San Fernando, la gente comentaba con jocosidad: "A una comida le sigue un baile, al baile las muchachas, a las muchachas el almuerzo, al almuerzo la timbirimba".

José Godoy se quedó con el sitio de la plaza y algo de efectivo que le duró lo que dura un suspiro. Se casó y tuvo familia. Pero como "donde se saca y no se echa, se acaba la cosecha", pronto se vio forzado a vender la mitad del sitio y en la otra mitad vivió su prole hasta su muerte, sumida en la pobreza.

Juan Godoy se metió a comerciante. En agosto de 1832 se asoció con Guillermo Zavala en la formación de una compañía de comercio. Al negocio le inyectó seis mil pesos. No quedó claro si el socio lo estafó o no, lo cierto fue que la compañía quebró al poco andar y Juan vendió a su socio su parte del negocio en tres mil pesos, suma que nunca se le pagó. También formó familia en La Serena. El resto del dinero se fue en pleitos por la susodicha compañía comercial.

Caído nuevamente en la miseria, Juan viajó hasta Chañarcillo y estuvo dos días durmiendo en cuevas en espera que apareciera por esos lados don Miguel. No se atrevió a hablar con el gerente don Matías Cousiño por miedo que se le echara a patadas. A sus oídos le llegaban comentarios acerca del mencionado administrador de la Descubridora. Él habría ingresado al selecto grupo de especuladores y, como monigotes, iba derribando a cuanto minero en desgracia caía en sus manos.

Cuando divisó al esperado jinete, Juan se abalanzó sin soltar su sombrerito de paja.

—Patroncito, soy yo, Juanito ¿Me recuerda?

Don Miguel frenó en seco su caballo mirando detenidamente al que lo interpelaba.

—¡Pero si eres tú, Juan! Tanto tiempo que no sabía nada de ti. ¿Qué te trae por estos lados?

—La mala fortuna, pué, patroncito —y repitió bajando la voz— la mala fortuna.

La buena recepción y la esperanza de ser escuchado por su ex socio hicieron brillar los ojos del decaído semblante de Juan.

Los hombres se sentaron en el despacho de don Matías. Este se encontraba ausente trabajando en Copiapó. Don Miguel pidió al sirviente de turno sirviera a su invitado mate, charqui y pan y conversaron un buen rato, como antaño.

Miguel, haciendo gala de su famosa generosidad, le tendió la mano. Le dio trabajo en la Descubridora de modo que Juan pasó de ex dueño a empleado. Es justo agregar que fue un trabajo muy bien remunerado y de solo 24 horas a la semana. Juan era aún un mozo robusto y empeñoso y logró, fruto de su esfuerzo, juntar 14.000 pesos. Con ese dinero regresó a La Serena donde intentó desempeñarse en la agricultura.

Capítulo 4

1

Diez años han transcurrido desde el famoso hallazgo. Tiempo suficiente para que los Godoy volvieran a la miseria. El infortunio perseguía a Juan y José. Juan fue víctima de robos y los vivarachos que nunca faltan los engañaron repetidamente con el "cuento del tío".

Después de tan amargas experiencias, su tía Liquitaya pensó que Juan habría aprendido la lección dado que su sobrino le confesó que sentaría cabeza casándose con Francisca Flores, una joven sin dote, que no aportaba ni un peso al matrimonio, pero inteligente. Sin embargo, la cebra siempre mantendrá sus rayas y al ver que su marido no cambiaba su actitud acudió a Liquitaya para intentar por la vía parental evitar la grieta que se abría para ella y sus dos hijos nacidos del matrimonio.

Liquitaya tenía su fama bien ganada dentro de la comunidad indígena colla y su consejo se escuchaba con respeto. Francisca cifró su confianza en que las recomendaciones de la anciana iluminarían a su esposo y le detuvieran de tirar el dinero en inversiones estériles tratando de imitar a los Gallo.

Liquitaya, tía y a la vez madre sustituta de los infortunados, viajó hacia La Serena y reunió allí a los familiares supuestos y genuinos e invocando a los espíritus de sus antepasados habló. Sus palabras fueron escuchadas con reverencia y se hicieron los arreglos para realizarlas: deberían viajar a Copiapó con el objeto de pedir a don Miguel que anulara la venta de la mina de plata, restituyendo así los dos tercios de la propiedad a sus sobrinos o en su lugar, en caso de que no fuera posible la anulación, los dos tercios de los dineros generados por el rico venero durante los casi diez años que habían transcurrido.

A la madrugada del día siguiente, Juan y Liquitaya se dispusieron a viajar. No se pudo ubicar a José; nadie sabía de su paradero. Algunos afirmaban haberlo visto en tal o cual chingana.

Tres días después, muy temprano, se presentaron tía y sobrino en casa de los Gallo. Juan vestía un unku, especie de túnica corta hasta la rodilla sin mangas; unas franjas la decoraban en el pecho y en la cintura un taparrabos. Liquitaya usaba una vestimenta que envolvía su cuerpo desde las axilas hasta los tobillos con una tela rectangular que sujetaba encima de los hombros y que se ceñía a la cintura mediante una faja llamada chumbi. Ambos calzaban ojotas.

—Don Miguel no se encuentra en casa —dijo el sirviente encargado de la puerta. Les miraba de arriba abajo con desdén—. Si quieren hablar con el patrón, lo encontrarán en casa de don Ramón Goyenechea.

—¿Y dónde es eso? —preguntó Juan.

El mulato Hilario entrecerró la puerta y sacando medio cuerpo afuera indicó la vereda del frente.

—Por allá, tres casas más adelante —y cerró la puerta con brusquedad.

Liquitaya tuvo un mal presentimiento. Miró a Juan en muda pregunta.

—Pué, pa'llá vamos nomás, tía.

María de la Luz se encontraba acompañando a Isidora en su clase de piano cuando escuchó un fuerte barullo en la puerta de calle. Se asomó por la ventana y alcanzó a ver a su esposo acompañado de Miguel discutiendo con una anciana y un mozo mestizo. Por la voz reconoció a Liquitaya. Se le unió Isidora dejando sola a su maestra de piano. Igualmente la reconoció.

—¿Qué pasa, mamá?

—¡Silencio! están discutiendo.

La distancia les impedía escuchar la vocinglería en forma clara, pero sí distinguían la potente voz de don Ramón que les repetía: "¡De ningún modo, de ningún modo!". La anciana levantaba los brazos al cielo y gritaba palabras en quechua que los hombres no entendían. El mozo permanecía en silencio y cabizbajo. Isidora observaba angustiada la escena. Finalmente, después de unos quince minutos de fuerte altercado, tía y sobrino se retiraron. Ramón y Miguel se fueron al despacho del dueño de casa y ese día no hablaron con nadie pero discutieron muchísimo a puerta cerrada.

Densos nubarrones estaban por oscurecer el cielo resplandeciente de los Goyenechea.

2

El primero de enero de 1842, Isidora cumplía siete años de vida y sería festejada con fastuosidad. Todas las familias de la elite copiapina abarrotaron la casona de los Goyenechea. Ese día no se trabajó en las minas de propiedad de los Gallo Goyenechea. Ello causó que gran parte del peonaje se trasladara a Copiapó, lo cual facilitó a su vez que todos los habitantes de la ciudad y alrededores se enteraran de la noticia del fallecimiento de Juan Godoy.

Por momentos casi arruinó la celebración, pero pronto todos recuperaron el buen ánimo y siguió circulando el ponche y la mistela. La música aportada por cantoras acompañadas de guitarra y arpa invitaron a los más jóvenes a bailar zamacueca.

Juan Godoy fallecía en extrema pobreza al punto que su viuda solicitó a la Junta de Minería una pensión vitalicia de 30 pesos para poder alimentar a los dos hijos que dejaba el que pudo ser el minero más rico de Chile.

Poco tiempo después del duelo por Juan Godoy, muchos afirmaron haber visto en la cima de unos de los cerros a lo largo del valle de Copiapó, tal vez cerca de Tierra Amarilla, a una anciana dando alaridos y gritando en quechua cosas incomprensibles. La indígena giraba alrededor de una fogata. Se acompañaba en sus giros tocando un tambor. Los que la observaron comentaban que seguramente era Liquitaya en un rito para asegurar el buen pasar de Juan al inframundo. Al poco tiempo falleció también la anciana indígena.

Esa misma noche, Isidora soñó con ella.

3

La muerte de Juan Godoy caló hondo en los corazones de los que trabajaban en las decenas de minas en Chañarcillo y cerros vecinos. Don Miguel y don Ramón buscaron refugio en el trabajo queriendo mostrar que poco les importaba el asunto y que ignoraban un hecho que estaba en boca de todos: la sensación de haberles fallado a los Godoy. De modo que inspeccionaban la Descubridora diariamente. Cualquier situación que pusiera en peligro las faenas sería manejada con destreza por don Matías, quien para ese entonces ya era parte de la Sociedad Minera de los Gallo Goyenechea. El ciclo de desarrollo económico que tenía por base la exportación de minerales, fuertemente dependiente de los mercados internacionales y del crédito de las casas mercantiles extranjeras para su funcionamiento, continuaba avanzando; se transitaba hacia el capitalismo.

En Chañarcillo, la riqueza minera atrajo cantinas, juegos de azar y prostitución. Al comienzo se tomaron medidas como prohibir el ingreso a mujeres so pena de multa. Aquellas esposas que acompañaban a sus maridos debían exhibir un permiso para entrar al poblado. Se podía ver a menudo hombres barriendo, lavando o cocinando porque "podían ser corrompidos por el sexo femenino".

Los socios, acostumbrados a ejercer mano dura con los que no se sometían a la disciplina laboral, la cual durante años trataron de imponer, pronto tuvieron que enfrentar una rebelión. Puede que la muerte de Juan Godoy fuera la chispa que encendió la rebeldía o tal vez la gran diferencia de los sueldos o las ordenanzas moralistas, todo aquello impuesto bajo severos castigos. El hecho fue que tuvieron que enfrentar la amenaza de paro.

El gerente administrativo, don Matías Cousiño salió a calmar los ánimos de la chusma envalentonada que amenazaba con quemar el complejo de las instalaciones de la Descubridora. Un grupo de peones, una mezcla de indígenas, criollos aventureros y extranjeros venidos del otro lado de la cordillera de Los Andes, se agolpó frente a la oficina del gerente. También mineros sin suerte que al arruinarse y enfrentar el fracaso antes sus familias habían preferido vender su trabajo. Ahí estaban: mayordomos, mineros, apires, trabajadores volantes, herreros, carpinteros y servidores. Unas doscientas personas.

Todos hablaban y vociferaban al mismo tiempo que alzaban sus puños amenazantes. Don Miguel mandó a buscar, al galope, a la guardia civil.

Solo cuando apareció don Matías, la chusma pareció calmarse un poco. A continuación escogieron la voz que los representaría.

—Patroncito, si quieren que cumplamos con las cuotas de producción tienen que escuchar lo poco que les estamos pidiendo. Es justicia.

Don Matías, parado frente a ellos, respondió como siempre con su tono calmo:

—Los patrones me han encargado que les permita expresarse por única vez porque no queremos perjuicios

59

mayores. ¿Acaso no están recibiendo sus salarios según lo acordado, su ración de alimentos o alojamiento?

—La ración de alimentos no es la custión, 'on Matías. Es abundante, variada y de buen sabor. Pero hay dos cosas que nos mortifican. Son los salarios y la distracción en nuestros días libres.

—¿Qué hay con los salarios?—preguntó sorprendido el gerente.

—¿Cómo puede ser que nosotros los peones, que somos nacidos y criados en estas tierras ganemos cuatro veces menos que los mineros afuerinos?

—Usté 'on Matías gana veinticinco veces más que nosotros y viene de Santiago —murmuró un carpintero.

Don Matías, en su fuero interno, agradeció que no se quejaran del alojamiento, de esos rústicos campamentos establecidos al pié de los cerros de Chañarcillo por donde se colaba el frío viento cordillerano en la noche y el calor insoportable del día. Allí se aglutinaba una población de unas seiscientas almas. Esto obligó a la Intendencia a apostar vigilancia para mantener la normalidad de las faenas y evitar desórdenes derivados del juego, la sustracción hormiga de mineral y el ingreso de mujeres de dudosa reputación.

Ignorando la última pregunta y los comentarios, don Matías preguntó:

—¿Y qué hay de las distracciones?

—Exigimos que por lo menos se permita la libre circulación por el campamento a nuestras mujeres. Es caro y sacrificado viajar a Copiapó los feriados y...también nos permitan jugar a los naipes. Total es nuestro dinero que jugamos.

No se refirieron al ingreso de prostitutas porque aquellas damas eran artículos de contrabando.

—Lo que solicitan será sometido a consideración de los socios. Solo a eso puedo comprometerme.

Un fuerte murmullo llenó el espacio.

—Ahora que ya se expresaron deben volver todos al trabajo. De lo contrario se hará presente la Guardia Nacional. ¡Vamos! Todos a trabajar.

Se disolvió el motín y los trabajadores se retiraron cabizbajos y murmurando. Se oyeron frases disidentes: "Seguiremos con el cangalleo" o "Iremos donde Liquitaya".

Don Miguel y don Ramón, que habían escuchado todo desde la oficina miraron interrogantes al gerente que regresaba.

—Considero del todo justo escuchar sus demandas. Incluso es cristiano hacerlo —comentó don Matías al ingresar al recinto.

Sus palabras no cayeron bien a los socios, aunque reconocían lo razonables que se oían. Sin embargo, sus mentes estaban estructuradas solo para computar las cifras de producción de plata. Si éstas no aumentaban, entonces forzoso sería pensar en mecanizar ciertas faenas y reducir personal. Hablarían al respecto con los mayordomos ingleses contratados hace poco.

—Bien, —dijo don Miguel levantándose de su asiento y dirigiéndose a su cuñado agregó— es hora de partir Ramón, volvamos a Copiapó. Haz estado tosiendo toda la mañana. ¿Estás enfermo?

—No sé, Miguel. Desde ayer me he sentido muy mal. Me cuesta respirar.

4

Una niña de siete años, sentada en una rústica silla de madera ubicada a un costado del largo pasillo de la casa de los Goyenechea, retorcía sus pequeñas manitos. Se escuchó el gran reloj del living que daba las tres de la tarde. Esperaba el llamado para almorzar. Este se demoraba. Le urgía ver a su madre para contarle lo que había soñado la pasada noche. Estaba angustiada. En realidad fue una pesadilla.

De súbito vio aparecer desde el fondo del pasillo al mulato Hilario llevando una fuente de agua y toallas limpias. Isidora observó que se dirigía al dormitorio de su padre.

—Tengo hambre —gritó la pequeña.

Sin embargo el sirviente pasó de largo ignorando las quejas de su pequeña ama.

La casona entera estaba revuelta. María de la Luz encerrada en su dormitorio no se había dejado ver. Por el pasillo desfilaron diferentes personas. Sus tías Candelaria, Loreto, María y Petronila, sus primos José Tomás, Ángel Custodio, Miguel y Pedro León Gallo, el menor. El administrador don Matías acompañaba al patriarca don Miguel Gallo junto al socio Francisco Ignacio Ossa. Todos visiblemente consternados.

La pequeña Isidora supo que algo grave estaba ocurriendo. Decidida, se levantó de su asiento con la intención de dirigirse al gran patio. Sabía que allí estaban jugando su hermano con ese chico de pelo claro, el hijo de don Matías, el empleado de su padre. Siempre se olvidaba de su nombre. Se llevaban bien con su hermano mayor, Emeterio. A ella no le caía muy bien, lo encontraba un engreído. Hubiese preferido que don Matías trajera una niña a la familia, así ella tendría una amiguita. Con todo, no estaba dispuesta a permitir que la dejaran a un lado, de modo que los tres eran compañeros de juegos, moleste a quien moleste. Su tía Candelaria, que se metía en todos los asuntos de la casa, les había recomendado en repetidas ocasiones que no debían jugar con otros niños del vecindario.

Estaba por ir al jardín del patio, cuando un grito la hizo volverse. Provenía del dormitorio de su padre. El grito desgarrador fue seguido por un coro de lamentos, llantos y sollozos. La niña corrió hasta la puerta que estaba cerrada desde la mañana y la entreabrió sigilosamente. Lo primero que vio fue el gran ventanal de la habitación; los rayos del fuerte sol nortino luchaban por colarse entre los gruesos cortinajes. A su derecha y frente al ventanal yacía la cama de su padre.

63

Don Ramón presentaba un color de tez amarillento. Un señor, probablemente el médico, con su dedo pulgar y dedo medio le estaba cerrando los ojos. Alrededor del lecho, hombres y mujeres sollozaban con distinta expresiones. Unos se cubrían el rostro con ambas manos; otros se tapaban la boca y otros simplemente miraban al fallecido negándose a creer que don Ramón había abandonado este mundo.

Isidora se sobresaltó al sentir unas manos que la tomaban por los hombros para conducirla afuera. Era el administrador. Junto a él estaba el sacerdote que apoyaría la vigilia por el difunto.

En el pasillo se agolpaban numerosas personas: parientes, la servidumbre, vecinos y curiosos que se miraban entre sí, incrédulos al enterarse de la muerte de un vecino y acaudalado minero.

—Mi papá, quiero ver a mi papito —gritó Isidora, quien caía en cuenta de la desgracia.

—Calma, mi niña —dijo el cura—, no se puede hacer nada. Tu padre ya está en el cielo con Jesús. Debes ser niña buena y rezar por él para que sea recibido por una legión de ángeles.

—No quiero rezar, quiero a mi papá —repetía Isidora. Para ella el concepto de muerte significaba solo una cosa: no verlo nuca más.

—Debes ser fuerte, Isidora. Comprende que tu madre y tu hermano también están sufriendo.

Las palabras de consuelo de don Matías caían en el vacío. Isidora se tapó los oídos con ambas manos. Ya no quería escuchar a nadie; solo le dominaba el deseo de ver a su padre aunque fuera por última vez.

Isidora permaneció muda durante las exequias en la iglesia de Copiapó y el consecuente rito del sepelio en el cementerio. Su rostro no expresaba ningún sentimiento. No reaccionó siquiera cuando muchos, vestidos de riguroso luto, le dirigieron una palabra amable o una caricia al pasar. Solo al final del funeral murmuró para sí misma: "La maldición, es la maldición".

5

Gran ajetreo reinó en los días siguiente en casa de los Goyenechea. Personalidades de diferentes regiones venían a dar el pésame y sus respetos a la viuda María de la Luz. El cotilleo dominante en la ciudad era sobre la oportunidad que se presentaba para solteros. Una viuda de notable hermosura y no despreciable fortuna.

Isidora deambulaba por los pasillos, por las habitaciones, por el jardín, con la esperanza que su padre apareciera y todo aquello no fuera más que una horrenda pesadilla. Así lo pasó durante un mes entero, hasta que una noche soñó nuevamente con la anciana Liquitaya. Venía hacia ella lentamente y acercó su rostro hasta casi tocar el de Isidora. "Tú, tú ¿qué has hecho para evitarlo? Las palabras resonaban como el chillido de garzas.

—¡Mi papito, quiero a mi papito! —despertó gritando.

María de la Luz despertó con los gemidos de la pequeña y se dirigió tan rápido como pudo al dormitorio que Isidora compartía con Emeterio. La abrazó tratando de acallar los sollozos de la pequeña.

—¿Por qué estás llorando, Isidora?

—Soñaba que perdía a mi gatito Crespón —respondió ella.

—Si eso llegara a suceder, pues, te traería otro, uno más bonito.

—¡No quiero otro gato! Si se me muere, no quiero nunca más otro gato. ¡Nunca más!

—O sea que prefieres quedarte sin ningún gatito ¿lo dices de corazón?

—Sí. Mi gato Crespón sabe quererme. Sabe cuando llega la noche y tengo frío se acuesta a mi lado o a los pies. Si siente ruidos extraños me avisa dando maullidos. Lo hace también cuando pasa el Sereno por la calle. Otro gato no sabe nada de eso.

—Pero le puedes enseñar. Todos los gatos son iguales. Incluso pueden aprender más cosas.

—¿Qué cosas?

—Cosas, cosas, Isidora ¿siempre tienes que preguntarlo todo?

—¿Puedes traer a mi papito de vuelta?

María de la Luz debió aclarar su garganta, conteniendo un sollozo.

—Hija, eso no es posible. Tu padre ya está en los cielos.

—Pero tenemos mucho dinero ¿por qué no puedes?

—Ya te lo expliqué —susurró la viuda— ¿qué te parecería un nuevo papá?

Isidora permaneció callada arrugando y alisando el borde de la sábana.

—No quiero otro papá.

—Piénsalo —dijo su madre, abrazando a la pequeña y acariciando su oscura cabellera—. Piénsalo —repitió suavemente.

—¿Dónde está ese nuevo papá?

—Es solo un decir, Isidora. Se me ocurrió de repente. Ahora vuelve a dormir. Piensa en cosas bonitas y soñarás cosas bonitas.

Capítulo 5

1

La primavera de 1828 se hacía notar en el puerto de Valparaíso. El ocaso tardaba en aparecer y los porteños aprovechaban la prolongación lumínica cenando, bebiendo o simplemente charlando. El tema del día era la inminente captura de la pandilla de bandidos apodados Los Pincheira. Todos se quejaban por la demora del gobierno de Pinto en detener esos bandoleros que saqueaban viviendas, raptaban mujeres matando a los hombres y llevándose el ganado.

Las familias Cousiño Jorquera y Squella Lopetegui, estos últimos oriundos de tierras penquistas, junto con amigos y conocidos celebraban el noviazgo de sus hijos Matías, de 18 años de edad y Loreto de 16. Los novios eran parte del jolgorio familiar. No fue fácil llegar a ese instante. La familia de la novia se había opuesto al enlace no solo por la juventud de ambos sino por la situación pecuniaria del novio. Los empobrecidos padres de Matías eran dueños de propiedades al sur de Santiago, no obstante las perdieron en la Guerra de la Independencia por apoyar a los realistas. Este escenario obligó a don José Agustín Cousiño a migrar de Santiago a Valparaíso. Debió aceptar un modesto empleo en Correos de Chile y su hijo Matías, que no había sido precisamente un alumno destacado, logró también, a influencia de su padre, ingresar a Correos como auxiliar.

A finales de ese año, Matías habiendo logrado escalar a jefe de Correos en reemplazo de su padre, quien regresó a Santiago, pudo recién presentarse ante don José Lorenzo Squella y doña Ignacia Lopetegui para pedir la mano de su hija. Luego de la boda, los jóvenes debieron habitar de allegados en casa de los padres de ella.

Loreto, una de los nueve hijos de la familia, era la más hermosa, lo que la hacía acreedora de la envidia de sus hermanas. Era fácil adivinar su ascendencia española por parte de su padre. La delataba su ensortijado cabello oscuro y piel blanquísima. De su madre heredó la viveza y buen humor de la chilena, cualidades a las que debió acudir cuando pasaban los años y no llegaban los tan ansiados hijos.

El sentido de familia de Loreto contrastaba fuertemente con el de Matías. Su familia solo se componía de él y su hermano mayor Ventura. Sin embargo, Matías, de genio afable y reposado, no desesperaba porque la visita de la cigüeña tardaba.

Seis años había transcurrido, cuando una mañana entró doña Ignacia a toda prisa al living donde Matías leía tranquilamente el periódico.

—Matías, Matías, nos ha visitado la matrona y adivina qué: Loreto está embarazada. ¡Qué alegría, por Dios! Vamos, hombre, ¡alégrate! Ahora voy corriendo a contarle a Lorenzo.

Extrañamente, aunque Matías se alegró y mucho, tuvo la misma impresión de cuando los soldados le comunicaron a su padre que la hacienda de Buin quedaba confiscada por orden del Director Supremo, don Bernardo O'Higgins. Era la misma sensación de pérdida.

En seguida sacudió los malos recuerdos y se dio prisa en abrazar a su mujer, llenándola de besos. Claro que estaba feliz. Sin embargo...

2

Matías circulaba impotente por el dormitorio donde su mujer descansaba. De a poco doña Ignacia los había estado confinando a los cuartos traseros más pequeños de la casona. Por mobiliario contaban con una cama, una mesita, un baúl y un sofá. A los ocho meses de embarazo, Loreto se quejaba de continuas y dolorosas contracciones. Ante aquellos síntomas de pérdida, el doctor había prescrito riguroso reposo, incluso Matías debía cargarla en brazos al retrete. La situación era angustiante para la pareja. "Pero, ¿qué puedo hacer?", pensaba Matías desesperado. Hasta el momento sus suegros no le habían puesto mala cara, por tanto no iba a esperar que le insinuaran que debía ir pensando en apartar casa. "El que se casa, casa quiere" le había escuchado decir a María del Carmen, una de las hermanas de Loreto. Por los pasillo, los hermanos cuchucheaban entre ellos riendo y cuando le veían acercarse, callaban.

—Mi amor, —dijo finalmente a su mujer— me ha llegado carta de mi tío Antonio Fermín de Santiago ofreciéndome su casa para que estemos más cómodos y puedas continuar con tu embarazo en tranquilidad.

—Pero, Matías, eso me aleja de mi familia. Quiero que mamá esté a mi lado cuando nazca el bebé.

—Tengo muchos parientes allá en Santiago. Te sentirás a gusto, como en casa. También necesito un nuevo empleo o tal vez emprender algún negocio. No sé, algo que mejore nuestra situación.

—Me entristece pensar estar lejos de mi familia, pero si esa es tu decisión, entonces nos mudaremos a Santiago.

—Sí, cariño, también hay buenas matronas allá. Viajaremos a la capital.

Conversó con su suegro comunicando sus planes. Después del nacimiento le pediría una recomendación que ayudara a sacar adelante a su naciente familia, aunque aquello significara humillarse.

A la postre resultó no ser una buena decisión. El largo viaje en diligencia por la accidentada carretera de Valparaíso a Santiago solo empeoró la condición de Loreto. El frío calaba los huesos y la separación de su familia la sumió en una profunda tristeza, no obstante la recepción afectuosa por los parientes de su esposo.

Una vez instalados en la capital, las cosas fueron de mal en peor. El parto se vislumbraba complicado. Al límite del tiempo de gestación no había dilatación. La matrona, con decisión, optó por rajar la carne cuando la fuente se rompió. El bebé nació, en tanto la madre se desangraba. Un lluvioso mes de junio de 1835 nacía Luis Cousiño Squella. Loreto yacía agónica, víctima de una anemia aguda.

En la casona de don Antonio Fermín Cousiño se cerraron todos los postigos de las ventanas. Se sacaron de los baúles los trajes negros, tanto de damas como de caballeros. Se declaró luto riguroso. Loreto Squella había fallecido. De rodillas, inclinado sobre la cama de la que había sido su esposa, Matías sollozaba inconsolable, repitiendo para sí palabras de inconmensurable dolor.

—Te juro, mi amada esposa, que haré todo lo posible y también lo imposible por darle a nuestro hijo las comodidades que te negué en vida. No descansaré, no tendré reposo hasta que veas desde el cielo como cubro de riquezas a nuestro hijo y a los hijos de sus hijos. La fortuna que fue esquiva en estos años no impidió que fuéramos muy felices; a pesar de su falta. El que falló fui yo. Adiós amada mía, descansa en paz que no te fallaré otra vez.

3

Matías no regresó a Valparaíso. Si sus suegros querían conocer al pequeño Luis, tendrían que viajar a Santiago. Él no regresaría.

Mucha agua pasó bajo el puente Calicanto hasta que un día Matías y su hermano Ventura, conversando cómodamente en el living, abordaron un tema del cual no se habían atrevido a mencionar hasta ahora.

—Matías, deja ya de pensar que el infortunio te persigue. Es cierto que no has destacado en los estudios, por lo tanto analiza que es a lo que te gustaría dedicarte. Yo, por mi parte partiré al norte, a la frontera. He averiguado que a la Villa de Copiapó llegan ingentes cantidades de aventureros atraídos por la rica actividad minera. Se están necesitando profesionales en leyes y finanzas.

—Para ti es fácil decirlo. Te graduaste de abogado y seguramente te espera un lugar destacado donde vayas. Pero yo, viudo, con un hijo que criar y educar... ¿Cómo lograré todo eso?

—Mira, una vez escuché a alguien comentar "malo para el estudio, bueno para el comercio".

—Para eso se necesita un capital inicial, por muy modesto que sea el negocio.

—¿Por qué no pruebas con la compra y venta de animales? Papá te podría apoyar.

A Matías no le pareció mala la idea e inmediatamente se puso a pensar en un plan comercial de compra y venta de vacuno con Argentina. Para cumplir con este objetivo debió mudarse a la provincia de Colchagua, al sur del país. Desconocedor del tema, al principio perdió mucho dinero. Entre los robos por cuatreros, las súbitas tormentas cordilleranas y la indolencia de los baqueanos, el negocio fue de más a menos. No alcanzó a durar dos años en esta aventura comercial y debió volver a Santiago con el amargo sabor del fracaso.

Fue recibido por su padre don Agustín Cousiño, a la sazón de cincuenta años de edad, sin el menor reproche. Sin embargo, sufría al ver tan disímiles destinos de sus hijos. Desesperaba porque Matías no lograba encausar su vida. Tras varios intentos logró sentarse a conversar del asunto. Charla que Matías rehuía.

—Dime, hijo ¿cómo te ha ido con el negocio de los animales?

—La situación está difícil, padre. He sufrido algunos robos de ganado al cruzar la cordillera y como sabes he debido volver a tu casa. Pronto tendré que liquidar los pocos animales que me restan y pensar en dedicarme a otra actividad.

—Pues, precisamente estaba leyendo en el periódico sobre el descubrimiento de un rico yacimiento de mineral de plata en un cerro llamado Chañarcillo. Me preguntaba si no sería bueno que pensaras en probar suerte en el norte. En días pasados he recibido carta de tu hermano y me ha comentado que le está yendo muy bien.

—Por mí lo haría encantado, pero me preocupa mi hijo Luis. No quiero ser una carga para ustedes. Ni yo ni mi hijo

—Tonterías, hijo. Más me preocupas tú, que tienes veintiséis años y no logras estabilizarte. Por lo menos lograste ganar algo en tu última venta y además cambiaste ese pantalón raído de casimir por uno de buena tela. Aunque se ve un poco usado.

—Me lo regaló un cliente.

Don José Agustín se alisó su larga barba y se acomodó en su sillón.

—Como sea, solo piénsalo —y continuó leyendo su periódico.

4

Pensativo, Matías se pasó la mano por el cabello que ya empezaba a ralear y consideró que la proposición de su padre sonaba atractiva. Al día siguiente, muy temprano, abordó a don José Agustín.

—Padre, he estado pensando en lo que me aconsejaste ayer. Lo he pensado detenidamente. Y sí, me mudaré a Copiapó y buscaré empleo con la ayuda de mi hermano.

—Celebro tu decisión, hijo. No te preocupes por tu hijo Luis porque sus tías estarán encantadas de cuidarlo. Es más, casi lloraron cuando les mencioné nuestra conversación de ayer. Pensaron que te llevarías al niño. Están muy encariñadas con él.

—Estoy muy agradecido, sin embargo en cuanto pueda lo llevaré a vivir mi lado.

—Para comenzar, le escribiré a Ventura y te daré una carta de recomendación para mi conocido y compañero de armas don Miguel Gallo para que te contacte con su cuñado don Ramón Ignacio Goyenechea y vea la forma de emplearte en sus minas. Les enviaré una carta para que te reciban.

A inicios de 1837, Matías salió de Santiago en dirección a Valparaíso con una sola maleta de raído cuero, una chaqueta tres cuartos tipo levita, pantalón de casimir gris y zapatos bastante desgastados. Desde el puerto principal abordó el vapor rumbo al puerto de Caldera para después de varios días de viaje arribar al pueblo de Villa de Copiapó, el cual apenas se empinaba a los once mil habitantes. Para el trayecto por tierra arrendó un caballo. La impresión que se llevó al verse en medio del desierto de Atacama fue grande. "Se creería que una mano maldita vertió sobre estas tierras una cantidad inmensa de corrosivo. Arena, piedras, ¡montañas de piedras y arena! No existe la menor huella de vegetación".

Ventura lo esperaba en casa, la cual arrendaba desde algún tiempo.

—Hermanito, esto es el norte. No tendremos las comodidades de la capital, pero se vive bien. Vamos, almorcemos y después conversaremos con toda tranquilidad. Existen recomendaciones que quiero transmitirte para sobrevivir por estos parajes. ¿Cómo estuvo el viaje, eh?

A la mañana siguiente, Matías fue directo a la dirección dada por su padre. Lo esperaban don Miguel Gallo, don Ramón Goyenechea y don Francisco Ossa, los socios dueños de la Descubridora; mina en plena explotación de mineral de plata ubicada en la falda del cerro Chañarcillo.

Tras una extensa entrevista, salpicada de recuerdos de la Guerra de la Independencia, finalmente Matías fue contratado como mayordomo de labores en la mina. Su superior directo sería don Ramón. Con él se entendería en todo lo que fuera menester para la buena marcha de la empresa.

Volvía a ser empleado. Sus nuevos patrones quedaron impresionados por aquel joven de hablar pausado y quedo, gestos elegantes, largas patillas, sin bigote y casi calvo. En su mirar se adivinaba que el hombre arrastraba una profunda pena.

Capítulo 6

1

Don Matías Cousiño aspiraba a mucho más que ser un empleado de confianza con privilegios sociales. Comprendía que todos aquellos que se aventuraban por esos lares, fuesen extranjeros o criollos, buscaban fortuna en las minas. Observaba que por cada uno que lo lograba, estaban esos otros cien, doscientos o tal vez miles que trabajaban, transpiraban, sufrían y morían en la pobreza.

El sentido de ahorro del señor Cousiño llegaba a límites increíbles. Solo se compraba un par de zapatos cuando los viejos ya se le desprendían la suela de gastados. No le importaba comer todos los días sopa de charqui y de vez en cuando pastel de papas. "El mejor alimento son las verduras" les decía a sus subordinados de la Descubridora.

Entre los años de 1837 y 1840, Cousiño aprovechó la circunstancia de desempeñarse en la Meca del capitalismo para iniciar sus propios negocios con la mayor discreción. Se esforzó para que sus actividades paralelas no interfirieran con su empleo de administrador de la Descubridora. Su carácter serio, responsable y reservado le permitió ganarse la confianza de los más importante mineros de la región. Pronto logró combinar su condición de empleado con la de propietario minero.

Sucedió que los hermanos Peralta Bolaco, que mañosamente se habían enterado de los ricos yacimientos del cerro Chañarcillo y que anteriormente fueron propietarios de un pequeño rancho en el valle de Copiapó y de una recua de asnos que le servían para acarrear leña a la ciudad o a las fábricas, estaban en apuros económicos con la explotación de sus minas Bolaco Nuevo. Manuel Peralta Bolaco, como muchos, tuvo que enfrentar una maraña de juicios en defensa de sus pertenencias mineras. A mediados de 1837 decidió visitar al señor Cousiño en su oficina de Chañarcillo.

—Don Matías ¿Cómo le ha ido a su patrón con la mina?

—Regular, don Manuel —respondió entre dientes— ¿Por qué de repente tanto interés?

—Es que le pedí un pequeño préstamo a cuenta de producción y me lo negó.

—¿Por qué no acudió a don Agustín Edwards Ossandón?

—¿Don Agustín Edwards?

—Sí. Es un habilitador joven, creo que tiene unos 22 años de edad, pero es muy solvente. Llegó hace poco de Vallenar. Se instaló acá en Copiapó con una oficina de crédito y compra y venta de minerales.

—Perdone, don Matías, en verdad que no me fio de él. ¿Por qué no me los presta usted? Tengo más confianza con usted.

—Está bien. Déjame pensarlo.

—No lo piense tanto, don Matías, mire que sin su auxilio se me será imposible continuar con mi defensa.

—Nos juntamos mañana ante el Notario y hablamos del asunto.

Esa misma tarde, don Matías visitó a su hermano.

—Ventura, me tienes que ayudar. Necesito que me prestes dinero para un negocio que puede darme mucha ganancia.

—¿De qué se trata, hermano? —inquirió este.

—Es acerca de uno de los Peralta Bolaco. Se llama Manuel. Está en un apuro financiero y necesita en dinero al equivalente a 327 marcos de plata piña.

—¡Vaya!, es un poco arriesgado ¿no crees?

—Tengo el presentimiento de que puede ser la oportunidad de apropiarme de un yacimiento. Por cierto, aparte de ayudar a un amigo. Estoy convencido que los Peralta no tienen dedos para el piano y lo más probable es que se vayan a la quiebra.

—En eso estamos de acuerdo —se levantó de su escritorio y comenzó a dar vueltas por la habitación, barbilla gacha y manos atrás—. Está bien, te prestaré el dinero, sin embargo te asesoraré en cómo debes redactar la transacción notarial.

Don Matías acercó su asiento al escritorio del abogado y se aprestó a tomar apuntes en unas hojas de papel. Ventura volvió a sentarse, se echó hacia atrás en su sillón de cuero y cruzando sus manos por detrás de la nuca, empezó a hablar siguiendo el hilo de sus pensamientos.

—El documento deberá llevar escrito, como es usual, la fecha de transacción, el acreedor, en este caso tú, el deudor, el monto y tipo de préstamo y, pon atención, obligaciones.

Acentuó esta última palabra apuntando con su dedo índice hacia el cielo.

—¿Obligaciones? Supongo que será la de devolverme el dinero prestado. Si no cumple me quedo con la mina o lo mando a la cárcel.

—¡Santa María! Hermano, se nota que no sabes nada de esto que las malas lenguas llaman usura. Pon atención: además de comprometerlo a pagar la suma adeudada hipotecando sus minas y productos, dejarás por escrito que Peralta "libre y voluntariamente" te hará cesión de la mitad de las acciones de la mina, es decir, una cuarta parte en la Bolaco y 600 vara de cerro conocidas con el nombre de Colorado, Desempeño y San Francisco. ¿Estás anotando?

—Sí.

—También le pedirás que te nombre administrador de la otra mitad para que con sus productos se cubran de los desembolsos y gastos de su explotación. Lo tienes todo anotado ¿verdad?

2

Así comenzaba una nueva etapa para el señor Cousiño.

Manuel Peralta, inflado con su prosperidad, solo pensó en gozar, y mientras disipaba su riqueza en Copiapó su mina resultó repentinamente agotada.

Algunos meses después se vio a este minero más pobre que antes de su descubrimiento; habiendo perdido hasta sus asnos a los que creía ya no volver a necesitar. En 1839 falleció sin que se hubiera saldado la deuda. Frio, como un cirujano, bisturí en mano, don Matías exigió a la viuda pagarse con la mitad de sus propiedades mineras.

Siguiendo esa misma táctica de cesión de propiedades mineras, ese mismo año, el señor Cousiño recibió de los mineros Manuel Paz y Lorenzo Martínez parte de su mina de plata en Pajonales, hallándose ejecutados por Manuel Orrego, habilitador de toda la mina, al pago de 462 pesos. Don Matías pagó dicha deuda, por supuesto, con dinero prestado.

Los años que siguieron fueron para este aspirante a acaudalado burgués tiempos de endeudamiento. Era la única forma de obtener ingentes recursos para la explotación de sus minas de plata a las que debía responder con producción.

Por otro lado, esta era una actividad que no estaba exenta de riesgos. Uno de estos era el pillaje, los asaltos, los robos hormiga de mineral y los saqueos. Eran comunes. Se añadía la insuficiente mano de obra. Algunos de los que se dedicaban a esta actividad caían en apuros económicos y los prestamistas representaban la salvación para no ahogarse en un mar de deudas. No existía ningún banco en el país y las operaciones financieras estaban a cargo de las casas mercantiles y prestamistas.

Don Matías no tuvo escrúpulos en entrar al juego especulativo. Con el tiempo logró ahorrar algún dinerillo. Dicha situación le permitió ser considerado por la familia Gallo Goyenechea casi como un familiar. Entraba y salía de las casas de la sociedad conspicua de Copiapó y poco a poco fue adquiriendo notoriedad en la ciudad.

El señor Cousiño empezó comprando derechos en minas depreciadas por la acción de litigios. Algunos yacimientos ya no eran viables en su explotación debido a los gastos de juicios, deudas e intereses acumulados que no podían soportar sus propietarios. Muchos mineros empobrecieron y don Matías se benefició de ello. De manera que comenzó a actuar de prestamista y habilitador, un oficio de apoyo al minero consistente en la compra de víveres, pago de patentes y otras tareas administrativas. También inscribió a su nombre tres vetas de plata, las que conservó hasta su muerte: Carmen, Bolaquito y la mitad de San Francisco. En esos pocos años llegó a inscribir a su nombre unas diez vetas de plata. Pronto los ahorros no fueron suficientes y él mismo tuvo que acudir a los prestamistas.

3

Poco a poco, don Matías se fue ganando la confianza de su empleador al punto de ser nombrado Gerente Consultor y terminó abarcando la completa administración de las minas. Ser considerado hombre de confianza le abrió las puertas al reducido círculo social del clan de los Gallo

Goyenechea. No pasó mucho tiempo para que fuera invitado a las reuniones y fiestas de la elite social copiapina. De este modo don Matías conoció gran parte del clan.

—Este fin de semana viajaremos a Copiapó —dijo un día don Ramón—. Quiero que conozca a mi familia.

Don Matías comprendió que aquella invitación era una gran oportunidad para codearse con personas acaudaladas y de un estatus social al cual aspiraba.

La gran casona de los Gallo Goyenechea era una estancia de estilo colonial que sin ser lujosa constaba con numerosas habitaciones bien iluminadas, adornadas con añosos retratos familiares al oleo y patios con todas las comodidades posibles para la dura vida de aquella frontera norte del país.

El sábado al anochecer, los aprestos para la reunión familiar progresaban. A la hora convenida se presentó don Matías en la entrada. Vestía su mejor levita y sombrero de copa alta. Un empleado le condujo al salón principal. Allí divisó a los Gallo Vergara, los Goyenechea de la Sierra, los Montt Prado, los Matta Vargas, en fin, a la flor y nata de la sociedad copiapina. Algunos niños correteaban por aquí y por allá. En un momento, en un vago impulso, sintió el deseo de retirarse del lugar a la vez que su patrón se acercaba.

—Matías, quiero presentarle a mi hermana Candelaria —e indicando a un grupo agregó—, ellos son mis sobrinos José Tomás y Miguel. Hay tres más pero ya fueron enviados a la cama temprano, como corresponde a los niños pequeños.

—Mucho gusto, señor Cousiño —respondió doña Candelaria a la inclinación de cabeza con que don Matías saludaba a los presentados.

—Cuénteme, señor Cousiño —iniciando así la conversación— ¿de dónde proviene su apellido?

Doña Candelaria acostumbraba a formular tales preguntas cuando le presentaban a un afuerino. Le encantaba analizar en segundos la mezcla de apellidos. Era experta en diferenciar aquellos hispanos de larga data de otros traídos por inmigrantes siempre en aumento por esos años.

—Mi apellido es de origen portugués. Mi abuelo Juan Antonio Cousiño y Orge llegó a Chile en 1760 y provenía de la Coruña, Galicia —respondió intimidado por la fría mirada que le dirigía la doña.

—Nuestro apellido viene de España, de Vizcaya. Mi padre, don Pedro Antonio Goyenechea era el principal proveedor de Azogue durante la Colonia —dijo doña Candelaria con pretendida superioridad del origen familiar.

Don Matías iba a agregar algo sobre el origen de su madre, oriunda de Chillán, cuando don Ramón lo tomó por un brazo y se lo llevó a otra habitación, igualmente atiborrada de invitados. La música que emanaba del arpa, guitarra y piano luchaba por imponerse al bullicio del parloteo y risotadas de los selectos asistentes.

Después de liar y encender cigarros para él y su invitado, decidió llevarlo hasta donde estaba una dama vestida de traje de raso blanco, adornado de gruesas dalias blancas estilo Imperio muy escotado. Don Matías la observó embelesado mientras ella trataba de convencer a una pequeña de unos tres años de edad de que ya era hora de ir a dormir.

—Don Matías, ella es mi esposa María de la Luz, sobrina política de Miguel Gallo y la pequeña es nuestra hija regalona Isidora. Su hermanito Emeterio ya está arriba en su dormitorio durmiendo.

De unos 23 años, la mujer era y se veía bastante más joven que su esposo de 45 años de edad. Don Ramón, antes de conocerla, había estado casado con doña Josefa Julio. Para su segundo matrimonio ya llevaba varios años de viudo.

Don Matías, al besar la mano de ella, sintió que le recorría por todo su ser un estremecimiento casi doloroso y le temblaron las manos.

—Hermosa familia es la que tiene usted don Ramón —fue todo lo que su timidez le permitió expresar.

—Así es, mi estimado. Me hubiera gustado presentarle a mi hija Manuela, fruto de mi primer matrimonio con mi querida Josefa, que Dios la tenga en su santo Reino. Mi hija está internada en Santiago completando su educación con las monjas Clarisas.

Don Matías volvió la vista nuevamente hacia la bella María de la Luz. A pesar de lo atestado de invitados que estaba el salón no se perdía de ningún detalle. Ella también le estaba observando de reojo, pero desvió la mirada con rapidez.

Capítulo 7

1

El año del fallecimiento de don Ramón encontró al señor Cousiño atrapado en una rueda de préstamos-deudas-nuevos préstamos, cuyo destino no tenía claro adonde le conduciría. Con 32 años de edad, parecía que los sueños de brindarle un pasar holgado a su hijo Luis se alejaban. Don Matías trabajaba como un minero cualquiera, con escasos recursos, comprometiendo y arriesgando su producción en verde y poniendo en peligro sus propiedades mineras en hipotecas. Percibía que la etapa siguiente forzosamente sería la fase industrial y era consciente del significado del poder del vapor. Esta energía mejoraría los transportes terrestres y marítimos. Por su cabeza rondaban decenas de proyectos, cuya realización era difícil despuntar sin entrar en la usura crediticia. ¿Cómo evitar caer en la garras del prestamista Agustín Edwards Ossandón?

La tabla salvadora vino de la mano de un suceso que nadie previó ni deseó: el fallecimiento repentino de don Ramón Ignacio. Para Isidora fue una tragedia. La noticia encontró a don Matías, como siempre, enfrascado en sus labores administrativas en Chañarcillo. Sintió que el mundo se le caía encima. El telegrama que le informaba del infausto deceso lo aturdió.

Imperativo era entonces viajar a Copiapó. El trayecto de 60 kilómetros le pareció interminable. ¿Qué iba a pasar ahora con él? Sin su protector y amigo quedaba expuesto al desdén de doña Candelaria. ¡Oh, intuición femenina! Desdén nacido al sorprenderlo mirando demasiado a María de la Luz. Y hasta era probable que le despidieran.

Al arribar a la residencia de su difunto patrón, allí todo era desconsuelo. Salían y entraban familiares y conocidos y una multitud de personas que jamás había visto. No era de extrañar, puesto que don Ramón era una persona muy querida en la zona. Buscó entre la multitud a la viuda. Quería darle personalmente sus condolencias, pero no estaba muy seguro de mantener la compostura que correspondía a un empleado. Quería expresarle su empatía; mencionar que él sabía lo que era perder al cónyuge.

Las circunstancias impidieron que lograra su objetivo. Cuando se presentó en el salón de visitas, mirando hacia el despacho de don Ramón, observó que María de la Luz estaba acompañada. Se celebraba una junta familiar; un grupo de unas ocho personas de las que solo pudo reconocer a doña Lorenza Zabala, madre de María de la Luz, a don Miguel Gallo y a don Francisco Ossa. Intentó unirse a la conversación que se conducía en voz baja y con la mayor discreción, pero no se atrevió. Carraspeó a modo de indicar que estaba presente con la esperanza que le invitaran a pasar, sin embargo lo que recibió fue la fría mirada de doña Candelaria y un discreto gesto de doña Lorenza para que se retirara.

Don Matías miró alrededor indeciso si marcharse o esperar en la entrada de la casona instrucciones de don

Miguel. En ese momento se topó con la pequeña Isidora que deambulaba como sonámbula por las habitaciones. Ella se quedó contemplando a aquel caballero que jugueteaba con su sombrero de copa, esperando que ella le dirigiese la palabra. Pero como Isidora se limitara a mirarlo sin verlo, el señor Cousiño optó por dirigir una discreta venia a guisa de saludo y se marchó.

Días después se ofició la misa por el eterno descanso del minero. La ceremonia se celebró en la recién construida Catedral en la plaza de Copiapó. Al igual que en el velorio la asistencia fue apoteósica.

El gerente administrador volvió a la Descubridora sin saber cuál sería su destino. Todo siguió funcionando como si nada hubiese sucedido a excepción por las ausencias de don Miguel y don Ramón. Las semanas fueron pasando y don Matías continuó laborando como siempre. Los reportes de la marcha de la producción se fueron acumulando hasta que pasado un mes fue nuevamente invitado a la casa familiar.

El telegrama recibido le notificaba que ahora debía rendir cuenta ante los socios sobrevivientes y al núcleo familiar se había agregado un miembro adicional; un rival: don Agustín Edwards Ossandón, hombre de confianza de los mineros en Copiapó. Había sido nombrado curador de los menores Emeterio e Isidora en la toma de decisiones que afectaran la parte de los bienes que les correspondían.

También se reiniciaron las reuniones sociales a las cuales, de vez en cuando, asistía María de la Luz. Cuando ello ocurría, don Matías volvía a Chañarcillo atesorando el recuerdo de esas manos que había besado en saludo. Durante el trayecto cerraba los ojos para que el recuerdo fuera aún más poderoso. Nuevamente la veía hermosa por su alta estatura, cabello ligeramente ondulado, por su cutis blanco rosado, regularidad en sus facciones; serena, adorable y esos ojos verdes que expresaban mil palabras al mirarle de vuelta.

2

No pasó mucho tiempo hasta que doña Candelaria comentara que algo estaba pasando entre la viuda y el administrador. Arreció la tormenta en la residencia de los Goyenechea Gallo. La matriarca y doña Lorenza decididamente no aprobaban una eventual relación sentimental.

—No pertenece a la aristocracia. Es un don nadie. Te prohíbo que sigas alimentando sentimientos hacia un empleado de esta compañía —le conminó doña Lorenza a una acongojada María de la Luz.

—Debería darte vergüenza estar pensando en casarte nuevamente en circunstancias que mi hermano no hace ni dos meses que falleció —agregó doña Candelaria—. Piensa en tu posición social. Ese tal Matías es un caza fortuna. Si tienes tanta necesidad de volverte a casar, entonces fíjate en alguien que tenga cierta notoriedad social y económica o por último dedicado a la política. ¡Niña, por Dios! Deja pasar por lo menos un tiempo prudente.

—Es un caballero, madre —argumentó la viuda, ignorando a doña Candelaria que no paraba de despotricar.

—Es un aprovechado. Y pensar que nosotros le dimos cabida como uno más de nuestra clase. Incluso le animamos a que trajera a su hijo Luis de Santiago y que tú misma te has ocupado de su educación. ¿Cómo nos agradece? ¿Crees que no nos damos cuenta de que él sabe de la cuantiosa fortuna que estás heredando tú y tus hijos?

—¡Madre! ¿Cómo puedes mezclar sus sentimientos y los míos con algo tan prosaico como es el dinero?

Las discusiones duraron días, hartando incluso a la servidumbre. Los clanes familiares se iban dividiendo en aquellos pro don Matías y en otros contra don Matías. Prevaleció la opinión de don Agustín Edwards en el sentido que lo más lógico era citar al implicado a declarar sus verdaderas intenciones.

En días posteriores, don Matías recibió una nota de puño y letra de doña Candelaria. La carta le resultó difícil de leer por lo reñida que estaba ella con la ortografía y la caligrafía. Dejando a un lado ese detalle, se trataba de una invitación a tomar onces en la residencia de los Gallo Goyenechea.

Un torbellino de sentimientos le invadió. "No puedo creer que nuevamente tenga que sufrir la discriminación por ser pobre" pensó al momento. Sin embargo no era el caso ahora, no obstante que la fortuna que él había contribuido a cimentar con su trabajo empeñoso era frente a la fortuna de los Gallo Goyenechea la nada misma. La

Descubridora estaba llegando a su rendimiento máximo gracias a su gestión; al menos eso creía él. A pesar que ya había emprendido la senda que conducía a la riqueza, en ese momento se sintió el ser más desdichado. La exclusión por parte de la familia de su fallecida esposa, sus primeros fracasos económicos y ahora un nuevo rechazo constituirían un pesado fardo de sobrellevar. Doblando la nota, no pudo evitar que lágrimas humedecieran su rostro, un rostro que reflejaba cansancio y tristeza.

Al viernes siguiente, a las cinco de la tarde, se inició la tan esperada reunión familiar. Pese a los temores de don Matías, el tenor de la charla fue excepcionalmente cordial. El sonido de las tasas de porcelana importada de Inglaterra, la mezcla de aromas del té, café y todo tipo de pastelería le daba al ambiente una intimidad que no era lo que se había imaginado el atribulado viudo.

María de la Luz no levantó cabeza en ningún momento. Se mantuvo callada y contrariada. Doña Candelaria podía leer en esa actitud taimada un sesgo de rebeldía. Para la matriarca, el matrimonio era para siempre, aunque se presentara la muerte. Lejos estaba ella de saber que en unos años más, ese modo de concebir el matrimonio iba a ser sometido a prueba.

Las casi dos horas que duró la reunión le parecieron eternas al minero. Fue como cuando dos pugilistas se estudian antes de dar el primer golpe. Prevalecieron las palabras que no se dijeron que las que se dijeron, pero que se dieron a entender. Aún una mente despierta e intuitiva como la de don Matías estaba totalmente embrollada. Era observado y analizado. La impresión de doña Candelaria sobre el maduro pretendiente oscilaba entre la antipatía y la aceptación. A ella, representante de la nueva aristocracia, le chocaba esa actitud burguesa, según su parecer, y ese afán de enriquecimiento. Por otro lado admiraba su espíritu pujante y emprendedor. Terminada la reunión, don Matías se despidió con gran respeto, pero mostró una talla que dejaba claro que no se dejaría avasallar.

—No me parece. María de la Luz debe mantenerse viuda y la fortuna, amasada con tanto esfuerzo, debe permanecer en el seno de la familia —dijo doña Candelaria a doña Lorenza Zabala, una vez que don Matías se retiró y luego murmuró entre diente "ese advenedizo debe mantener sus manos lejos del patrimonio de los Gallo Goyenechea".

3

Entre tanto, don Miguel y don Matías pasaban trabajando juntos la mayor parte del tiempo sin embargo los temas del corazón no se mencionaban. Don Matías tenía la impresión que su jefe y socio aprobaba la unión matrimonial, pero la matriarca se mantenía inconmovible. Por un tiempo las aguas se calmaron en Copiapó. Los involucrados habían entrado a un estado de reflexión.

Don Matías siguió con su rutina de trabajo, sufriendo la ausencia de su benefactor y soportando el rechazo de algunos parientes de María de la Luz. La ilusión de poseerla crecía en directa relación al desdén que percibía. La soledad le pesaba como los sacos que cargaban los apires de la mina. Todos los fines de mes, el viudo viajaba a caballo a Copiapó. Retiraba los dineros necesarios para pagar a los trabajadores y compraba materiales y alimentos. Aprovechaba la estadía para reunirse con el prestamista don Agustín Edwards y controlaba la marcha de sus propios negocios. Luego regresaba el día primero del mes para los pagos.

La vida en el desierto era dura tanto para él como para la masa humana en aumento en Chañarcillo. El poblado crecía desordenado. Un barril y algunos bancos convertían cualquier choza en una cervecería. Una cama en un rincón, aislada con una cortina, anunciaba que allí podía contratarse los servicios de una prostituta. El ruidoso gentío alrededor de una mesa significaba una partida de dados. A veces una mujer de labios rojos le mostraba sus senos desnudos a lo que don Matías sacudía su cabeza y pasaba presuroso de largo. El sol quemaba de día y por las noches el viento que bajaba de Los Andes cubiertos de nieve calaba los huesos de frío, aún dentro de las chozas. Los vientos a veces eran tan intensos que dificultaban la respiración. Los cambios bruscos de temperatura le provocaban fuertes dolores de cabeza y en las noches agudos dolores reumáticos. La alimentación consistía en pan, café, higos secos y porotos. A veces también carne fresca. El agua era de mala calidad y no potable.

A todo esto había que agregar los desvelos que exigía la dirección del personal en todas las minas que se iban agregando a la Descubridora, conforme se descubrían y se denunciaban ante el Juez de Minas. Hacían compleja dicha gerencia. Don Matías era riguroso en el desempeño de su cargo. Controlaba, tanto de día como de noche, todas las labores, pique por pique. Para entrar o salir de ellos tenía que bajar o subir por escaleras hechas con toscos troncos con entalladuras como peldaños, precariamente afirmados en las paredes de los piques llevando un bastón con el sebo de las vela que manchaban los estrechos senderos y su ropa.

Solo los recuerdos de su hijo Luis, don Ramón y de María de la Luz le permitían soportar los padecimientos y considerarlos menos rigurosos.

Transcurridos algo así como tres meses del fallecimiento de su patrón, decidió tomar el toro por las astas. Escribiría una carta exploratoria a la viuda. La duda que le mordía el corazón era si ella abrigaba sentimientos similares o tal vez idénticos. Debió acudir a todo un servicio secreto entre los sirvientes de la residencia de su amada y no pocos regalos para poder hacerle llegar la misiva sin despertar sospechas.

Al siguiente mes recibió la respuesta: Sí, ella también sentía lo mismo por él.

¡Por fin una alegría en medio de sus congojas! Un rayo de luz, una esperanza, una promesa de felicidad estaba iluminando el camino. Ya no era uno, sino dos los que lucharían contra los prejuicios sociales.

Finalmente, la familia debió doblegarse ante la firme voluntad de la rica heredera, de modo que al terminar el año, en la catedral de Copiapó, Matías Cousiño Jorquera de 32 años de edad y María de la Luz Gallo Zavala de 25 celebraron e inscribieron su unión matrimonial. El revuelo en la Villa de Copiapó fue general. Una multitud asistió al evento; ricos y pobres celebraban alzando copas de fino cristal y tachos de aluminio llenos de vino, cerveza, agua ardiente o lo que fuera y las damas suspiraban.

—Ese arribista burgués e insaciable de Cousiño no entrará en nuestra familia, Miguel. ¿No vas a hacer nada?—fue una de las últimas objeciones de doña Candelaria.

—¿Qué quieres que haga, mujer? Don Matías es una persona fiable. Ha demostrado ser hábil en los negocios. Es respetado por su incipiente fortuna. Tiene a su haber minas de buena producción y está realizando inversiones exitosas. Además nos es muy útil en la Descubridora.

—A mí, ese comerciante de origen gallego no me inspira confianza. Agustín me ha confidenciado que está fuertemente endeudado. ¡Qué conveniencia! Se encontró la virgen amarrada en un trapito. Debemos impedir que ponga sus manos en la herencia de mi sobrina.

4

Para calmar las acaloradas discusiones familiares fue necesario que doña Lorenza Zavala aportara los necesarios aires frescos. Ella, a los 61 años de edad, sentía en carne propia la soledad de la viudez y gradualmente fue inclinando la balanza a favor de los enamorados; además veía la conveniencia de que los pequeños Emeterio e Isidora contaran con un padre.

Con la decidida venia de la representante de los Zavala, el plano sentimental se calmó, no obstante las aguas del plano comercial siguieron agitadas. La herencia de su esposa, corregentada por su madre, era una situación que se presentaba difícil para don Matías. Cierto era que tanto él como María de la Luz estaban aportando una cantidad de bienes propios al matrimonio, aunque insuficientes para pasar de deudor a acreedor, y no solo eso, para su horizonte de inversiones requería de cuantiosos capitales y la fortuna heredada por su cónyuge no estaba inmediatamente a disposición de su consorte. Primero debía vencer algunos obstáculos legales.

Un nuevo dolor de cabeza se vino a sumar a la pareja luego de celebrada la boda. Los dueños de la Descubridora y la mitad de la mina San Francisco negaban que la producción efectuada entre 1832 y 1833, años de cuando don Ramón Ignacio estaba soltero, pasase a formar parte de la herencia de la viuda. Esto originó un quiebre en las relaciones dentro del clan Gallo Goyenechea y terminó en un pleito sucesorio.

Don Matías, como es natural, representó a su esposa y el bando contrario se hizo representar por don Agustín Edwards Ossandón. Este último ganó el arbitraje. La riqueza generada en esos años le fue arrancada de las manos a María de la Luz, mientras que ella fue declarada sucesora legítima del resto de las grandes riquezas minerales.

La clarividencia del empresario quedó lejos de toda duda cuando movió los hilos para que toda la fortuna de su esposa y descendencia quedara bajo su administración. ¿Cómo lo hizo?

—No te preocupes, mi amor —le dijo a su esposa—. El apetito voraz de ellos es increíble. No me extrañaría que buscaran algún resquicio legal para conseguir la curaduría de tus bienes y la de tu madre.

—Estoy muy dolida por todas estas rencillas, Matías. A Dios gracias que te tengo a mi lado.

—Te propongo que hagamos lo siguiente —le dijo tomando sus manos—: Frente a las ganancias generadas durante tu anterior matrimonio, lo que se ha perdido es mínimo, pero debemos tomar medidas contra tu familia para que no reclamen la curaduría de lo que por derecho te corresponde.

—Y ¿cómo haremos eso?

—Como tu legítimo esposo tengo la tutoría de tus hijos. Debemos conseguir ahora la curaduría de tus bienes y de la parte que le corresponde a tu madre como corregente. Te recomiendo que hables con ella. Hazle ver la inconveniencia de que la fortuna quede a merced de ellos.

—Está bien, hablaré con mamá.

Así, ante el peligro intuido por don Matías de que el clan liderado por doña Candelaria Goyenechea de Gallo declarara interdicta a su esposa e impedir que la inmensa cantidad de bienes quedara bajo su administración, éste logró que María de la Luz y su madre, doña Lorenza renunciaran a su derechos y nominaran a su esposo como tutor legal de sus hijos, incluido sus bienes. Además logró que ella convenciera a su madre de renunciar también a sus derechos legales sobre sus nietos.

Para 1844 ya estaba todo resuelto para don Matías. No solo pasaba a ser miembro pleno de una de las familias más ricas de Chile de todos los tiempos sino que también, después de una sentencia favorable dictada por un juez de familia, se convirtió legalmente en administrador de la fortuna de su esposa y de sus hijos.

Muchos se preguntaban por las intenciones y planes de este afuerino. ¿Qué se traía entre manos? Algunos fantaseaban sobre lo que harían si dispusieran de todos esos caudales. Una cosa es imaginar ser rico y otra es realmente serlo.

Capítulo 8

1

La nueva situación familiar significó para Isidora un gran cambio, sobre todo en la forma de ver a don Matías. De ser administrador de su fallecido padre a tornarse en su padrastro, era para ella una situación difícil. No es que sintiera rechazo hacia él, era solo que había sido la regalona de don Ramón. A este caballero bajito, de mirada triste, medio calvo que vagaba en silencio de una habitación a otra por la casona, no era fácil pasar de llamarlo "don Matías" a dirigirse a él como "papá".

Distinta era la forma de considerar a Luis. Siempre lo había mirado como un hermano, solo que ahora era en realidad su hermanastro. "¡Qué fea palabra!". Luis tenía una personalidad diferente a la de su padre. Siempre estaba haciendo piruetas o gestos chistosos con su cara. Artífice de cuanta travesura se llevaba a cabo en casa. Como aquella vez que Luis indujo a Emeterio a poner una cuerda a la salida de la cocina para que tropezara la sirvienta llevando los platos al comedor. El estruendo de loza quebrándose fue espectacular. Emeterio fue severamente castigado. Isidora sabía que el autor intelectual había sido Luis, pero calló pensando en lo conveniente que para ella era tener esa información guardada; podría serle útil llegado el caso de necesitar algo de Luis.

Pasó tiempo antes de que el recuerdo de su padre se fuera desvaneciendo de su memoria, aunque no del todo, y empezara a intercambiar algunas palabras con su padrastro que no fueran las de buena crianza. Isidora se comportaba en forma respetuosa pero distante.

La influencia que doña Candelaria ejercía sobre los Goyenechea y especialmente sobre Isidora, impedía que el hielo en la relación se fundiera.

Un cambio empezó a producirse cuando don Matías fue sorprendido por una pregunta. Una pregunta inusual viniendo de una pequeña de diez años de edad.

—Papá, ¿por qué las personas en San Fernando se ven tan pobres?

El afortunado minero, previendo que una respuesta simple no iba a satisfacer a la intelectualmente inquieta niña, meditó un instante.

—¿Conoces la mina Descubridora en el cerro Chañarcillo? —respondió con otra pregunta.

Los ojos de Isidora se agrandaron de sorpresa.

—¿De ese lugar sacan la plata?

—Sí.

—Pero… ¿qué tiene que ver con la gente de San Fernando?

—Cuando la visites, lo comprenderás.

—¿Cómo podría conocerla si solo salgo a la iglesia los domingos?

—Eres muy pequeña para un viaje tan dificultoso, más adelante te llevaré a visitarla. Te lo prometo.

2

Convertido ya en administrador único de la fortuna de su familia, calculada en unos tres y medio millones de pesos de la época (hoy, unos 30 millones de dólares estadounidenses) don Matías debió tomar dos decisiones importantes: la primera era salir de Copiapó. Tal vez volver a Valparaíso y de pasada mostrarle a los Squella Lopetegui, sus anteriores suegros, quien era ahora Matías Cousiño Jorquera. Por otro lado, en el plano social, estaban quedando aislados. A él no le importaba mucho la escasez de invitaciones a las fiestas y reuniones del clan, pero notaba que a María de la Luz le afectaba. La segunda decisión consistía en la idea de diversificar las inversiones, ahora concentrada en gran parte en la minería. Aquello era peligroso.

Su hermano Ventura le aconsejó que además de mudarse con su nueva familia a Valparaíso, empezara a invertir parte del capital en tierras de la zona central y sur del país.

—Debes considerar, hermano, que el centro financiero y liberal está en este puerto principal del Pacífico Sur. Allí te vas a encontrar con los empresarios más destacados. Yo también me iría a vivir allá, pero la política me tiene atado a la zona. Ya sabes que pienso postularme a la Intendencia de Atacama.

En 1846, don Matías viajó a Santiago para visitar a su padre, siguiendo el consejo de Ventura. Se dejaría aconsejar por éste para la compra de algún fundo que estuviera a buen precio. Le acompañó su hijo Luis. Isidora se quedó llorando porque su madre se negó terminantemente a que emprendiera tan largo viaje siendo tan niña aún. De nada sirvió que Isidora le confesara a don Marías que había sido Luis quien puso la cuerda en el asunto de los platos rotos, con la esperanza que Luis fuese castigado y le dejara el camino libre.

Don Matías y el pequeño Luis fueron cariñosamente recibidos por sus parientes en Santiago. Don José Agustín Cousiño no cabía de orgullo al ver a su hijo antaño en la ruina y hoy todo un potentado.

—He leído en la prensa que en California y Australia se ha declarado la fiebre del oro y que debido al aumento de la población están muy necesitados de trigo y harina —le comentó su padre el día después del arribo de su hijo y nieto. La conversación entraba en un terreno que le interesaba de sumo al minero empresario.

—¿Le parece bien, padre, que compre trigo a los productores del sur y lo exporte por Valparaíso?

—Yo te aconsejo que seas más progresista y compres terrenos para cultivar trigo y molinos para elaborar la harina.

De modo que don Matías, siguiendo los consejos de su padre, inició su avance hacia el sur con una compra simbólica: la hacienda Quinta de Maipo en Buin, cerca de Santiago.

Al regreso, don Matías reunió a su familia a la hora del almuerzo y les comentó sus planes de exportar trigo, comprar molinos para elaborar harina y que además había comprado una hacienda a nombre de Emeterio e Isidora en Buin. Todos saltaron de alegría. Finalmente habría un cambio en sus vidas.

Emeterio siguió jugando con la cuchara, pero Isidora preguntó de inmediato:

—¿Para qué sirve el trigo, mamá?

—Para elaborar esto –se adelantó Matías mostrando un trozo de pan. Luego le dio un mordisco y masticando aparatosamente imitó a un gringo.

—My tener mucha hambre.

Todos rieron.

3

Doña Candelaria Goyenechea entendía que a la fortuna le seguía la notoriedad social y a continuación se debía alcanzar el poder político. La influencia de su modo de ver la vida se diseminaba por toda la alta sociedad copiapina. En consecuencia, ella impulsó a su marido a escalar en la trama política y para 1846, don Miguel Gallo ya era diputado propietario por Copiapó. Igualmente trabajaría para que sus hijos hicieran otro tanto llegado el momento.

Don Miguel era conservador y en las reuniones sociales expresaba su pensamiento político con las siguientes palabras: "Ser conservador equivale a respetar el orden natural, en el cual la desigualdad social no se puede evitar". Sin embargo los vientos del liberalismo ya estaban comenzando a soplar en el extremo norte del país.

Los debates entre liberales y conservadores estaban marcados por temas asociados a la educación, la acción del gobierno frente a los desordenes sociales y la relación del Estado y la Iglesia. Sin embargo no se cuestionaba el modelo social desigual imperante en la época. En el fondo, era la continuación del orden colonial e incluso se impuso en el país después de la Independencia.

Isidora era ya una adolescente por esos años y debía sufrir el terrible aburrimiento que le producía las interminables tertulias donde se hablaba exclusivamente de política. Se le permitía participar en ellas como un modo de socializar con jóvenes con miras a un futuro marido. No soportaba escuchar a su tía Candelaria insistir en preguntar a su madre por la visita de la cigüeña. Porque tardaba, en realidad no llegó nunca.

A su padrastro, de quién ella esperaba encontrar las respuestas a las preguntas que rondaban por su cabeza, tampoco le fue difícil acceder a un puesto de diputado por Petorca por el período 1849-1852. Era inevitable pensar que fue también por su poder económico. Sus inclinaciones políticas oscilaban entre el liberal y el conservador. La elite, más allá de sus debates, pudo soslayar el sostenimiento del Estado, viviendo de los ingresos que generaban los productos que exportaban, sin pagar impuestos y sin modernizar sus faenas mineras.

El señor Cousiño, para 1847, ya proyectaba mudarse con su familia lejos de Copiapó. Comprendía que los buenos y generosos veneros argentíferos en algún momento se agotarían. Lo había conversado con don Miguel Gallo, pero él, aconsejado por su esposa ya había diversificado sus inversiones y gozaba de cuantiosas rentas que le producían sus propiedades.

Doña Candelaria vivía pensando en el bienestar no solo de los Gallo Goyenechea sino también de los Cousiño Goyenechea, sin embargo don Matías tenía su propia visión respecto al progreso industrial. Las amenazas de mecanizar las diferentes faenas mineras hechas por don Miguel a los peones, las consideraba más una ventaja que un amedrentamiento. Don Miguel, quedándose en el pasado, lo veía como una manera de ahorrar mano de obra humana, dado que los peones siempre estaban quejándose, robando si se les daba la oportunidad, y comportándose, según opinaban los dueños de las mineras, de manera indecorosa en la Placilla de Chañarcillo. Nada de eso ocurría con las máquinas.

En consecuencia, don Matías veía en el uso del vapor un modo de aumentar la producción y contrario a la opinión del marido de doña Candelaria, se necesitaría más personal, pero especializado. En esta línea de pensamiento ya tenía planes para Luis y Emeterio. Se educarían en Santiago y Europa, cuna de la civilización y la cultura. Él se encargaría de la educación de Isidora.

Tan concentrado estaba en su oficina que no se percató que ella le observaba, sentada cerca de él.

Isidora prometía ser una belleza entrando a la adolescencia. A los 12 años de edad era ya una joven robusta y desarrollada. De talle grueso, estatura mediana, pies pequeños, regularidad y dulzura en su fisonomía, destacaba su hermoso cutis, sus ojos negros de mirar inteligente y abundantes cabellos largos y oscuros.

—Buenos días, hija. No te había escuchado entrar. ¿Cómo estás?

—Buenos días, padre. Quería recordarte que la próxima semana estoy de cumpleaños.

—No lo he olvidado, Isidora. Y ya que lo mencionas ¿qué te gustaría que te regalara?

Isidora se puso de pie y se alisó su larga falda, luego meciendo su cuerpo levemente, dijo con timidez:

—¿Me llevarías a conocer la Descubridora?— bajó la cabeza mirando de reojo.

—Me encantaría, Isidora, pero me temo que tu madre no lo permitiría. No es lugar para señoritas.

—¿Y si se lo preguntas?

—¡Vaya! Déjame intentarlo.

—¿Cuándo piensas hacerlo?

—Esta misma noche —dijo sonriendo.

4

María de la Luz se negó rotundamente al principio, pero finalmente debió ceder luego de consultarlo con don Miguel. A él le pareció buena idea; algo inusual, al fin y al cabo Isidora se parecía mucho en carácter a Candelaria. La esposa de don Matías no comprendía cómo era posible que una niña de 12 años de edad quisiera conocer un lugar tan deprimente. Recordaba que antes de llegar a la Descubridora deberían pernoctar en la Placilla. Sabía, por su esposo, que allí acudían los mineros que trabajaban de peones luego de la jornada; allí también estaban los cangalleros, los vagos, los traficantes de minerales y aquellos que ofrecían "negocios" y "servicios". Además, por ahí escuchaba doña Candelaria comentarios tales como: "El juego, el amor y el ponche y todos los vicios les hacen consumir en una hora el producto de su trabajo y el valor de las ricas piedras que se ven obligados a quitarles al patrón para que éste no gane tanto y para que ellos trabajen menos". En general, era el modo de cómo los Gallo Goyenechea se imaginaban una mina de plata enclavada en medio de aquellos rocosos y solitarios cerros.

Pese a todo, María de la Luz accedió a dar su permiso, pensando que era una buena ocasión para que su hija suavizara la hostilidad mostrada hasta hace poco hacia su nuevo marido. Puso como condición que don Miguel les acompañara.

A la madrugada siguiente, tres jinetes seguidos de tres asnos cargados con diversas mercaderías y víveres emprendieron el trayecto de 17 leguas hacia Chañarcillo. La ruta usual corría orillando el río Copiapó que transformaba el valle en un vergel hasta donde alcanzaba la humedad. Isidora montaba su propio caballo y un sirviente se ocupaba de los asnos de carga. A ambos costados del río se presentaban elevados cerros pelados de vegetación. Ni el polvo ni el calor abrazador ni la fatiga de tan azarosa travesía disminuyeron el entusiasmo de ella.

—Y los que trabajan para nosotros ¿son también un poco ricos, digo, no como nosotros, pero algo menos ricos?

—¡Mira! Ahí está Potrero Seco. En ese caserío pernoctaremos y mañana seguiremos conversando. ¿Te parece? Debemos descansar. A la madrugada abandonaremos el valle y comenzaremos a transmontar la cordillera en dirección a Chañarcillo.

Se detuvieron frente a un caserón de cuyo frontis lgaba un cartel en el que se leía: "Ospedaje" (sic). A cibirlos salió una vieja desdentada y con grandes erencias les dio la bienvenida. Isidora se estremeció. yó ver en la mujer a Liquitaya. Pero no, no era ella. aron y el sueño les cubrió con su manto de terciopelo o.

5

rano, antes de la salida del sol, reiniciaron la marcha. ués de pasar por largas y estrechas quebradas, cerros tos y un valle profundo y estéril alcanzaron a divisar blo de Chañarcillo, llamado también Placilla. Una í se hospedaron en un pequeño hotel.

ra contemplaba extasiada los contrafuertes ranos horadados desde el pié hasta la cima por es de minas de plata en explotación. El pueblo de illo le pareció semejante a su natal Copiapó lgo más pequeño. La plaza donde se ubicaba el aba cubierta por una gruesa capa de arena y as. En las calles había tanta basura, tanta ropa n cordeles tendidos entre dos palos enterrados, e vacunos, botellas quebradas, todo lo cual

110

Quería comprender cómo era posible que aquellos
parecidos a lomos de elefantes fueran la fuente d
riqueza y cómo era posible que tan pocos la encont

Entretanto, don Matías se preguntaba qué
conversación podrían amenizar la cabalgata. "¿
puede charlar con una niña de 12 años?". Don
les había adelantado con las bestias de carga y
él e Isidora iban al trote solos.

Atardecía y a don Matías se le ocurrió
comentar la conveniencia de comunicar
Chañarcillo mediante el ferrocarril. Sería
importante y que podría rendir muy buen
suave rumor de las aguas del río y l
producía somnolencia.

—¿Te estoy aburriendo, Isidora?— p
de reojo.

Ella negó con la cabeza.

—De tal manera —prosiguió— s
parte, abastecer a las minas de for
obreros, agua, víveres y todos lo
—la niña ponía atención— y por
podrían ser despachados a much
Copiapó, sino directamente a
embarque.

—¿Qué tan ricos somos, par

—Lo suficiente, hija, lo
sorprendido minero.

producía en la niña un asco horrible que disimulaba. No todos los trabajadores vivían ahí; algunos dormían en las minas y solo desde el sábado por la tarde hasta la mañana del lunes el pueblo era invadido por millares de ellos. Entonces había música y canto en casi todas las viviendas. Se bebía y jugaba en exceso. El dinero ganado durante la semana se gastaba a manos llenas.

Su padrastro había tenido la prudencia de realizar los deseos de su hijastra un día miércoles.

Esa noche, mientras cenaban y encontrándose don Miguel en la Descubridora, don Matías consideró que Isidora ya tenía edad y criterio suficiente como para escuchar la historia del descubrimiento de la mina que ahora era parte de su herencia. Sopesó la importancia de que ella juzgara si las palabras de la india Liquitaya corresponderían a la verdad o no. Ejerció cuidado en resumir obviando cifras y detalles innecesarios o que la joven pudiera no entender.

Isidora escuchó con atención hasta el final. La última frase de Cousiño quedó resonando como una campana en sus oídos: "El minero descubridor murió en la pobreza y la familia Gallo obtuvo una utilidad de varios millones de pesos sólo por aquella mina".

—¿Cómo fue que terminara pobre si había vendido sus derechos?—preguntó jugando con un rulo de su larga cabellera.

—Te lo dije: el dinero que obtuvo lo derrochó.

—¿Qué significa? No entiendo.

—Parte del dinero lo perdió jugando naipes, apostando en peleas de gallos, con otro tanto lo estafaron, en fin, como dice el dicho: "Donde se saca y no se echa, se acaba la cosecha".

—Entonces ¿por qué estaba tan enojada la anciana india?

—Es difícil comprender. Tal vez consideraba que lo que pagó don Miguel Gallo fue poco en comparación con lo que produciría la mina.

—Pero papá y mamá tenían mucho dinero... ¿Por qué no lo ayudaron?

—Tu padre, que Dios lo tenga en su Santo Reino, se opuso. Consideraba que era botar dinero. Yo estoy de acuerdo contigo. Los que tenemos más debemos ser solidarios con los que tienen menos. Siempre me dio pena el tal Godoy. En fin, ya es hora de ir a dormir. Que duermas bien Isidora.

Esa noche Isidora se esforzó por ignorar el ruido que hacían las ratas deambulando por todo el hotel. Intentó pensar en lo que había escuchado de su padrastro. No se atrevió a preguntar qué significaba ser solidario, por lo tanto lo averiguaría en otro momento.

6

Al despuntar el alba, Isidora ya estaba despierta. Antes del llamado al desayuno se asomó por la ventana de su cuarto. Desde ese lugar observó el abrupto cerro de Chañarcillo. Sin vegetación yacía cual casco de barco volcado con su quilla hacia arriba, cubierto por decenas de edificaciones aisladas, cada una perteneciente a una mina de plata.

Después de desayunar dirigieron sus pasos hacia la Descubridora.

Durante el trayecto llamó la atención de Isidora los grandes desmontes de rocas que se acumulaban frente a cada edificación. En todas partes se trabajaba febrilmente. Solo pocas minas poseían piques perpendiculares a través de los cuales se extraía el mineral con ayuda de malacates a caballo. Asombrada observaba como de los restantes piques, el mineral era sacado a la superficie en capachos sobre las espaldas desnudas de los apires. Estos subían por los chiflones en espiral y salían de las bocaminas del cerro con paso inseguro debido al enorme peso de las ricas rocas. Isidora podía ver como algunas de las espaldas de estos cargadores humanos sangraban. A continuación los depositaban sobre la cancha situada frente al complejo de casas y bodegas o echaban la roca estéril al desmonte y desaparecían rápidamente como ratas a sus cuevas.

Don Matías se dio cuenta que la escena era violenta para la niña. No estaba acostumbrada a contemplar tales labores. Aprovechando la atención con que Isidora miraba el patio de acopio del mineral, decidió explicarle el método de amalgamación o beneficio de patio y la condujo hacia su oficina.

—Isidora, ¿cómo te imaginas que de esas rocas sale la plata.

Isidora sonrió. Miró a su padrastro como un mago convirtiendo algo tan ordinario como una roca en reluciente plata y se acomodó en su asiento.

—La obtención misma de la plata consta de seis procesos. El primero es el molido mediante molinos movidos por mulas. Luego se lleva la mena a un gran espacio abierto. Ese patio que tú ves allí. Se le añade agua, sal común y azogue, que es como se le llama al mercurio, hasta conseguir una pasta uniforme que se llama torta.

—Yo hacía tortas de barro cuando jugaba con mi hermano —acotó Isidora.

—Algo parecido ocurre aquí. Se le da un tiempo de unos tres meses para su amalgamación. A continuación se efectúa el lavado en grandes recipientes con palas giratorias para separar la tierra e impurezas de la pella. Así se le nombra a la masa de azogue y plata.

Don Matías notó que la joven se volvía para mirar a los apires.

—¿Me sigues, Isidora?

—Sí, papá, "azogue y plata".

—Entonces es cuando la pella se introduce en bolsas de lona de modo que como líquido fluya la mayor cantidad de mercurio. Lo que queda es una masa sólida denominada plata piña. Finalmente, ésta se calienta debajo de una campana para que lo que reste de mercurio se vaporice y se recupere por enfriamiento. El producto final es plata pura que se funde en barras.

—Hay algo que no entiendo.

—Puedo explicártelo de nuevo —dijo don Matías, pensando en el proceso extractor de plata.

—Esos pobres hombres sacan y sacan rocas. Va a llegar un momento en que el cerro va a quedar plano. ¿Entonces nos volveremos pobres?

Don Matías contuvo una sonrisa, pero contestó muy serio:

—Por eso hay que diversificar las inversiones.

7

El señor Cousiño se dio cuenta de que había pronunciado palabras incomprensibles para la joven y no esperó que Isidora abriera su inquisidora boca para explicarlas.

—¿Conoces el cuento de la manzanas mágicas?

—Eh, no —contestó Isidora mirando el intenso azul del cielo.

—Imagina que un agricultor ha empobrecido debido a una severa sequía. En su campo solo ha sobrevivido un manzano; un árbol especial: da manzanas mágicas. Con uno solo de este apetitoso fruto puedes pasarlo todo un día satisfecho. Para evitar que las aves devoren sus valiosas manzanas, el agricultor las corta todas y las guarda en un saco. Tiene para sobrevivir muchos meses sin pasar hambre.

—Yo también podría pasármela comiendo manzanas —rió Isidora.

—Un buen día, el agricultor se dijo: "Cuando se acaben mis manzanas, entonces ¿qué comeré? ¿De qué me alimentaré?". Muy angustiado pensaba y pensaba. "Seguro que algo se me va a ocurrir". ¿Qué harías tú, Isidora?

No esperó respuesta y prosiguió.

—Una noche saltó de la cama exclamando: ¡Tengo una genial idea!

Los ojos de la joven se abrieron muy grandes y aguardó que finalizara la pausa hecha por su padrastro.

—Mañana iré al pueblo y ofreceré mis manzanas en truque por otros alimentos. Pero aumentaré siete veces el valor de cada fruto. Y así actuó. Al día siguiente cargó la carretela con el saco de manzanas y azuzó su último caballo de tiro que le restaba. En la tarde regresó con la carreta cargadísima con todo tipo de alimentos. ¿Te imaginas cómo fue eso posible, Isidora?

La joven negó con su cabeza.

—En el mercado, las gentes al enterarse de las bondades de sus manzanas le hicieron todo tipo de ofertas por cada una de ellas. Uno le ofreció un saco de harina por una manzana; otro, siete sacos de papas; aún otro, un saco de semillas de trigo y legumbres. No faltó quien en trueque le ofreciera un tonel de vino. Como ves, el sabio agricultor diversificó su fortuna de manzanas mágicas en muchos haberes. No solo los utilizó para alimentarse, además sembró parte del trigo, las legumbres y las papas y aceptó trocarlas por hectáreas de tierra de otros agricultores

116

empobrecidos. En estos terrenos plantó jardines y construyó palacios y escogió por esposa a la doncella más hermosa del pueblo. Tuvo hijos e hijas y finalmente murió satisfecho de días. ¿Has comprendido?

—Sí, pero hay algo que no me has dicho.

— ¿Qué cosa?

—¿Qué sucedió con los pobres agricultores que perdieron sus granjas y de los que se comieron las manzanas y ya no tuvieron más?

—Bueno...el cuento llega hasta ahí. Supongo que tuvieron que vender su trabajo al sabio agricultor para sobrevivir.

Isidora no estaba satisfecha con la suposición de don Matías e iba a seguir preguntando cuando un griterío proveniente de la Placilla desvió su atención.

8

Se había declarado un voraz incendio en una de las casas que se usaba como cárcel para aquellos que robaban minerales. La escasa agua disponible iba a ser un serio problema para extinguir las llamas.

Don Miguel y algunos mayordomos salieron urgidos de sus oficinas; conscientes de la catástrofe que se avecinaba.

—Don Matías, quédese acá cuidando al peonaje, que no se desbanden y arrasen con todo. Yo y la niña Isidora volveremos de inmediato a Copiapó. ¡Por favor, ocúpese de proteger la mina!

Isidora apenas pudo sacar sus pertenencias del hotel y escapar hacia donde la esperaba su pariente con las cabalgaduras prestas a salir a galope tendido. Aquello era un pandemónium. Nada pudo evitar que el peonaje abandonara sus labores y bajaran a la Placilla a salvar lo que se pudiera. El fuego, avivado por el viento, iba devorando casa por casa. Las pocas mujeres del lugar corrían enloquecidas buscando a sus pequeños para luego arrancar a sitios más seguros. Los hombres trataban de achicar las llamas con ponchos, frazadas y hasta con sombreros. Fue inútil, la Placilla ardió por los cuatro costados. Fue lo último que alcanzó a ver Isidora cuando volvió su rostro al incendio espantoso que dejaba atrás. La Placilla de Chañarcillo había muerto.

En Copiapó un silencio cómplice rodeó el suceso.

Capítulo 9

La envergadura del problema social en la minería y la dificultad para los empresarios de ponerle atajo vía control policial y el ataque directo (incendio de la Placilla) comenzó a generar una crisis. En reemplazo de la Placilla de Chañarcillo, se decretó la formación del pueblo que llevaría el nombre de Juan Godoy, el que "con una policía bien establecida, surtirá de brazos de inmediato a las minas" comentó La Gacetilla de Copiapó.

El explosivo aumento de la minería en Copiapó durante la mitad del siglo diecinueve, gracias al descubrimiento de plata en Chañarcillo, transformó el poblado en una ciudad exportadora e infló su población con miles de inmigrantes buscando una oportunidad.

A los Gallo Goyenechea les dio una fortuna tal que parecía no tener fin. La suma de sus bienes en pocos años ya ascendía a 1.379.288 pesos, sin contar su participación en la Descubridora, la mitad de la mina San José y Guanaquita y sumas que se les adeudaban otros mineros, todo lo cual acrecentaba en forma notoria la fortuna familiar. Sin embargo diversos peligros acechaban. La minería se caracterizaba por la dependencia de múltiples factores. Factores que lograban que fortunas de la noche a la mañana se volatizaran. Les sucedía a la mayoría de los que se dedicaban exclusivamente a esa actividad. Uno de ellos era la fluctuación de los precios internacionales de los minerales que se exportaban, sin mayor valor agregado. Se precisaban mentes visionarias para que los dinerales que tan explosivamente aparecían, permanecieran en el tiempo.

Una de estas mentes fue doña Candelaria Goyenechea de la Sierra, tía de Isidora. Logró, no solo multiplicar la abundancia material sino que también acrecentó la notoriedad social y un intangible muy preciado: el poder político.

Años atrás, cuando la mina de plata Descubridora en Chañarcillo empezó a dar los frutos esperados, doña Candelaria aconsejó a su marido en el sentido de diversificar las inversiones. De modo que iniciaron la compra de propiedades, extendiéndose hacia el sur. En 1840 adquirieron para renta tres haciendas en Rancagua. Al año siguiente, con el mismo objetivo compraron dos casas en Valparaíso. Solo en Copiapó adquirieron nueve propiedades entre casas, haciendas, casas quintas, estancias y terrenos. Por concepto de rentas por sus propiedades ingresaban a las arcas familiares más de 718.000 pesos anuales. Contrastado con los 3.000 pesos que ganaba un apir en el mismo período, calla cualquier comentario.

Volviendo nuestra atención a esta destacada mujer: doña Candelaria, podemos apuntar que nació en Copiapó en 1795. Sus padres, don Pedro Antonio Goyenechea oriundo de la provincia vasco española de Vizcaya y Manuela de la Sierra, le dieron desde muy pequeña una educación completísima para aquel tiempo. El encargado fue su tío don José Agustín de la Sierra, sacerdote, quien le

120

enseñó sus primeras letras. A medida que fue creciendo, fue una alumna aventajada en temas sobre religión, poesía, canto y latín.

A los 21 años de edad, tardía para la época, contrajo matrimonio con el teniente Miguel Gallo Vergara. Matrimonio que se celebró modestamente un 20 de marzo de 1816 en Copiapó. No obstante haber sido concertado por sus padres, formó con su marido un sólido enlace y una familia que fue ejemplo en la elite copiapina. Dotada de una gran inteligencia y energía, tan bondadosa como su marido, según la opinión de la gente, se destacó por sus donaciones a los hospitales y casas de caridad, sobre todo después de los aciagos acontecimientos de 1859. Se cuenta que ella misma cosía y bordaba ropa para los pobres junto a otras señoras de la sociedad.

No todo fue multiplicar los bienes de la familia. Doña Candelaria consiguió que su hermana Mercedes se casara con Eugenio Matta y que otra hermana, María, se casara con Filiberto Montt. Todas familias de alta prosapia y ampliando así la red social y logrando que las fortunas fueran quedando en pocas manos. Ella sentó la regla que dominaría el poder social y político en Chile.

Fue así que concertó el matrimonio de su viudo hermano Ramón Ignacio Goyenechea con la pariente de su esposo, la bella María de la Luz Gallo Zavala. Se casaron un 10 de marzo de 1833. Para ese entonces su hermano ya era socio en la explotación de la Descubridora.

A esta estrategia solo le faltaba el último paso para coronar a la familia de poder e influencia: el poder político.

Doña Candelaria era una decidida partidaria de los matrimonios concertados. Lo que para ella había sido exitoso, igualmente lo sería para otras jóvenes. Por ello guardaba cierto resentimiento hacia María de la Luz y su madre por haber aceptado "aquel" empleado. Finalmente debió ceder a regañadientes y descartar a los otros candidatos "ideales" para la viuda.

Fruto de su educación, se aseguró que sus diez hijos recibieran una formación en los mejores colegios de Santiago, La Serena, Lima y Europa.

Ahora había llegado el momento de buscar un marido adecuado a su sobrina Isidora.

Capítulo 10

1

Isidora se detuvo por un momento en la entrada del salón de estar, indecisa si continuar al patio interior de la casona, donde le esperaban sus hermanos, o seguir escuchando tras una cortina. Fue la primera vez que escuchaba la palabra carbón. Llena de curiosidad y acallando su consciencia permaneció oculta.

Estaba de visita un tal míster William Wheelwright. Conversaba en voz baja con su padrastro. A su lado escuchaba atentamente ese señor de mirada trágica, don Agustín Edwards.

—Pues, es tal como se lo cuento, don Matías —decía el robusto gringo acariciando sus largas patillas—. El carbón que se extrae en el sur es de tan buena calidad como el carbón inglés. Yo lo comprobé, pero los empresarios del sur no tienen la motivación necesaria como para empeñar sus escasos capitales en esta clase de empresa. Viendo los mineros del norte que trabajan sus hornos para fundir cobre usando leña e ignorando el uso del carbón de piedra, pienso que sería una buena idea la de invertir en la extracción de carbón.

—Me interesa mucho el tema Mr. William. Yo tengo obligadamente que alimentar mis hornos con carbón inglés, lo que eleva los costos, y la madera escasea por estas regiones como usted sabe.

123

—Le voy a relatar un episodio que viví algunos años atrás. Estando yo recién llegado al país en 1843, navegaba en uno de los vapores ingleses. Recomendé entonces al capitán usar carbón chileno en ese viaje. Pero horas después de zarpar se detuvo del todo por falta de vapor.

—¡Caramba! No tenía la potencia esperada después de todo —acotó don Agustín.

—No. Era cosa de adaptar la caldera al carbón. Entonces bajé con el capitán a las carboneras y horquillas, saqué las varillas de éstas, variando su posición en todas las formas posibles. En esta faena pasamos toda la noche, trabajando como fogoneros, hasta que al amanecer el buque comenzó a avanzar y siguió con buen andar a su destino.

—Es una buena noticia la que nos da, Mr. William, aún así las cantidades que llegan de la zona fronteriza de Arauco son insuficientes para la cantidad de hornos de cobre que operan por acá —argumentó don Matías.

—Esta es la razón de mi viaje a Copiapó, señores. La idea es organizar la construcción de un ferrocarril de Copiapó a Caldera, de modo que aumentaría aún más la demanda por carbón e incentivaría la inversión en la extracción en el sur —respondió el empresario mirando a don Matías.

—¿Y cuánto costaría tal proyecto? —se adelantó a preguntar don Agustín.

—Unos ochocientos mil pesos.

—¡Vaya! Es casi un millón de pesos. Y, ¿Cuánto tiempo demoraría?

—Presumo que unos dos años. Veamos, hoy es 16 de septiembre de 1849. Si logramos completar el capital requerido de aquí a mediados del próximo año, entonces para finales de 1851 o comienzo de 1852 debería estar corriendo el primer tren.

—Yo me suscribo —dijo don Matías, quien estaba pensando más allá del proyecto ferrocarrilero.

—Yo también —dijo el señor Edwards —y me comprometo a hablar con don José Waddington, don Francisco Ossa, don Ramón Subercaseaux y doña Candelaria Goyenechea.

—¿Podríamos continuar después organizando la construcción de un ferrocarril de Santiago a Valparaíso, Mr. William?

Isidora no alcanzó a escuchar la respuesta del empresario a su padrastro pues sus hermanos la estaban llamando a gritos para que se les uniera en el jardín del patio.

2

Luego de conversarlo detenidamente con su esposa, el señor Cousiño tomó las decisiones que venía rumiando desde hacía algún tiempo. Una de ellas era mudarse de Copiapó. Las razones que arguyó el empresario fueron perfectamente entendibles para María de la Luz. La atmósfera social enrarecida se había vuelto insoportable. Además, la mudanza a Santiago presentaba una ventaja indiscutible al pensar en la educación de sus hijos.

Por lo pronto no se vislumbraba descendencia nueva, por lo tanto había que ocuparse de Isidora, Emeterio y Luis. En todo caso, la residencia comercial la fijarían en Valparaíso, la capital financiera y económica del país. Desde esta puerta al Pacífico, don Matías planeaba darle un giro al manejo de su incipiente fortuna y la de su esposa, ambas cuantiosas.

Rara vez comentaba don Matías sus proyectos con sus pares. Estaba enterado sobre la fiebre del oro en California y en lugar de partir a aventurar por esos lares, como muchos, arriesgando fortuna y familia, decidió permanecer en el país y expandir sus negocios al rubro de los molinos en la región de Concepción y si las cosas marchaban bien entonces organizaría una gran asociación de molineros para producir trigo y harina, surtiendo no solo al mercado californiano sino todo la costa del Pacífico. Otro proyecto era el más atrevido y aún estaba en pañales en su mente. El uso del vapor se estaba ampliando hacia la minería y el transporte marítimo; en fin eran muchas las aplicaciones que este pionero visualizaba. "Para producir vapor se necesita calor y para producir calor está el carbón. Ahí está: extraer carbón de las entrañas de la tierra" dijo en voz alta, sentado en su escritorio. Solo le escuchó Isidora que leía absorta en un rincón de su despacho.

Para María de la Luz empero, la importancia radicaba en una buena educación.

—Mi tía Candelaria, Matías, recibió una muy buena educación. Sé que ella nunca te ha simpatizado, pero debes reconocer que justamente por lo ilustrada que es, ejerce una gran influencia en esta ciudad.

—Eso lo comprendo, María, pero dicha sea la verdad, yo nunca fui muy buen alumno. Es más, creo que la realidad de la vida es la mejor preceptora.

—En Santiago hay un muy buen liceo para Emeterio y Luis —prosiguió, ignorando el comentario de su esposo—. Es el Instituto Nacional. Tiene prestigio. Es un semillero de profesionales y políticos ilustres.

—Yo había pensado para nuestros jóvenes enviarlos a Europa a estudiar.

—Una cosa no quita la otra, Matías. Después del Instituto podemos enviarlos a estudiar a Paris.

—Y ¿qué has pensado para Isidora?

—Si estás de acuerdo, le traeremos preceptores europeos para su formación en casa. He estado pensando en damas francesas e inglesas, de buenas familias. No hay mejor educación que la cultura francesa y para la formación del carácter la inglesa. ¿N'est ce pas, mon chéri?

3

La víspera de iniciar la mudanza a Santiago, Isidora contemplaba los cerros que rodeaban su ciudad y siempre volvía la misma pregunta: ¿Qué habrá más allá de su vista? Comprendía que para aquellos que solo se dedicaban a la minería, empeñados en lograr fortunas, les aguardaban pocas opciones para seguir prosperando como seres humanos. "Si conseguían amontonar dinero y propiedades... ¿Qué más podían esperar de la vida? ¿Cuál sería el precio que tendrían que pagar por sus fortunas? ¿Qué precio tendremos que pagar nosotros?".

A la mañana siguiente, miró con nostalgia por la ventanilla trasera de la diligencia a su querido valle de Copiapó el cual se iba alejando a medida que los cuatro caballos tiraban el vehículo cargado con maletas y baúles hasta el techo. Un séquito de burros transportaba otro tanto y les seguían de cerca dejando atrás una nube de polvo. Debían darse prisa en arribar al puerto de Caldera. El bergantín a vapor "Chile" que procedía del Callao se detendría solo dos horas en dicho puerto. Lo justo y necesario para embarcar y dejar pasajeros y meter en bodega la fruta del valle y las barras de plata de Chañarcillo.

—¿Mamá, cuándo volveremos a casa? —preguntó Isidora.

María de la Luz miró a su marido pero Emeterio y Luis empezaron a pelearse por unos juguetes. La discusión entre los hermanastros iba subiendo de tono de modo que antes de responder debió corregirlos con un tirón de orejas.

—No lo sabemos, Isidora —se adelantó don Matías—. Depende de cómo nos vaya en el sur.

—¿Por qué no vino con nosotros la abuela Lorenza, papá?

—Es un viaje muy largo y fatigoso para ella. Es mejor que permanezca en Copiapó. No te preocupes por ella—.

128

Esta vez respondió su madre ya tranquilizados los ánimos de los jovenzuelos.

El flamante steam boats permanecía fondeado ya más de dos horas en Caldera y el capitán inglés estaba nervioso. Los puertos chilenos estaban sujetos a un riguroso itinerario. Pero él sabía que los pasajeros que aguardaba eran de la alta sociedad de Copiapó, de modo que no tenía otra opción que esperar a que aparecieran en el horizonte.

Por fin llegaron los Cousiño Goyenechea. Les acompañaba una institutriz inglesa y un ama de leche. Luis iba delicado de estómago y el capitán mordió rabioso su pipa cuando don Matías pidió llevar a bordo una burra española que daba tanta leche como una vaca. Para este animal hubo que cargar diez fardos de pasto prensado.

En Copiapó, doña Candelaria puso el grito en el cielo cuando supo que los Cousiño Goyenechea planeaban navegar en un barco de la Pacific Steam Navigation Company. Muy compenetrada en la superstición popular comentó con su esposo: "Navegar en un barco inglés es propio de ciertas almas atrevidas, tildadas en secreto por el vulgo de no andar muy a derechas de la iglesia". Don Miguel, comprendiendo que se estaba refiriendo a don Matías la hizo callar, diciendo:

—Estás prestando mucho juicio a los comentarios que arroja don Agustín, mujer. Los envidiosos no pierden la oportunidad de poner en negro a don Matías. El tiempo les tapará la boca.

La travesía a Valparaíso en el bergantín inglés le pareció a Isidora como viajar en un carro llevado por potros enfurecidos. Mientras sus padres bebían té servido por el steward en el confortable y bien iluminado salón, ella y sus hermanos llamaban la atención por las estrepitosas arcadas que salían de sus camarotes. La joven estuvo feliz cuando retumbó el cañonazo que anunciaba la entrada al puerto de Valparaíso. Un intenso tráfico naviero había impreso a la Joya del Pacífico un sello de urbe cosmopolita en circunstancias que Santiago aún no despertaba de su pasado colonial.

El viaje a Santiago había que efectuarlo, al igual que el trayecto de Copiapó a Caldera, en diligencias cargadas de equipaje hasta por encima del techo, tiradas por cuatro caballos que rodaban por las subidas y bajadas del camino de tierra transitado por piños de animales, carretas y recuas de mulas. El traslado del puerto a la capital significó para Isidora permanecer sentada desde el alba hasta la noche sufriendo barquinazos y sin otra parada que la del almuerzo en Curacaví y en las postas de relevo. A pesar de que la joven llegó a destino enmascarada de polvo y con los huesos molidos, descubrió que le encantaba viajar.

4

En Santiago alojaron en la propiedad ubicada en la muy céntrica calle Huérfanos que recientemente había adquirido don Matías, gastando gruesas sumas de dinero en alhajarla. Descansarían una semana para luego dirigirse a la adquisición estrella del señor Cousiño: la hacienda Quinta de Maipo.

Sin embargo, algún tiempo después, debido a la actividad empresarial de don Matías, debieron volver al centro de Santiago y a la vida social.

Para mediados del siglo XIX, Santiago no exhibía demasiadas obras de arquitectura importantes para ofrecer a los visitantes o viajeros de paso. El palacio de La Moneda, la Catedral y el puente Calicanto había sido obras ejecutadas durante el régimen colonial. Sin embargo, Isidora estaba encantada con los paseos más concurridos que eran la Alameda, rememorando el de su natal Copiapó, y las murallas del Tajamar, extendidas por la rivera sur del río Mapocho y que cruzaban la ciudad de oriente a poniente. Isidora y sus hermanos corrían ahora por calles pavimentadas de gruesas piedras de río y veredas labradas de duras rocas. Un manto de melancolía cubría a la joven recordando que una época de su vida estaba quedando atrás.

Había otras semejanzas que traían a su memoria la nortina ciudad. Por ejemplo el poco movimiento que se observaba durante la mañana, quietud que los vendedores ambulantes aprovechaban. Estaba el aguatero y el motero. Su vocinglería ofreciendo sus mercaderías la despertaban temprano. Era muy raro que las gentes salieran de sus casas en la mitad del día. Los antiguos hábitos imponían el reposo y la tranquilidad en los hogares de una ciudad que no pretendía hacerse comercial ni adoptar una vida agitada que imponen los negocios. Estos comentarios los había escuchado Isidora de su padrastro durante un almuerzo familiar. Era la razón de porque sus negocios los dirigiría desde Valparaíso.

Sin preocuparse demasiado por el lugar en que finalmente vivirían, Isidora disfrutaba del silencio de Santiago, solo interrumpido por los rumores propios de una aldea impregnada de los aromas de los jazmines y rosales desprendidos por los huertos de las espaciosas casas donde vivían las familias aisladas entre sí.

Pasados los meses estivales, llegó para ella por fin la dolorosa separación de sus hermanos. En marzo de 1850, Emeterio y Luis fueron matriculados en un destacado internado para luego ingresar al Instituto Nacional. Después partirían a Francia a completar su educación y "adquirir mundo" según María de la Luz.

A cargo de la instrucción de Isidora, don Matías contrató una institutriz inglesa y otra francesa. Su madre y doña Candelaria supervisarían el progreso cultural de la joven. La matriarca mantendría comunicación por carta que mensualmente enviaría a Isidora. Cartas que rara vez respondía la joven.

Otro mundo se abría para ella. Sus padres pronto llamaron la atención de la alta sociedad y las invitaciones empezaron a llover. El mundo de la moda, por ejemplo, fascinaba a la adolescente. Era capaz de incluso de intervenir en las instrucciones que María de la Luz daba a sus modistas.

—Mamá, quiero que mi vestido sea de tafetán azul adornado con una banda alta de felpilla del mismo color y que vaya puesta bajo la falda.

María de la Luz se aseguraba, entusiasmada, que las damas tomasen notas de los deseos de su hija.

—Además —agregaba Isidora muy segura— que el traje lo complete una capita de terciopelo y un cuello marinero de tafetán azul bordado en seda blanca.

Con el tiempo, la familia se mudó a la hacienda Quinta de Maipo acompañados de un numeroso contingente de servidores. El lugar colmado de vegetación producía en Isidora una extraña inquietud, no obstante que a don Matías le causaba gran placer la vida en aquel campo de la zona central de Chile. Isidora pasaba todo el tiempo con frio. Admiraba la majestuosa Cordillera de los Andes pero echaba de menos el clima de Copiapó. Le consolaba recordar que había escuchado a su padrastro que solo permanecerían un corto tiempo allí para luego seguir viajes hacia el sur. Se preguntaba si el clima sureño sería más amable.

Fueron días tristes para la joven; tiempos de cambios y adaptación. La ausencia de sus hermanos le ocasionaba un dolor constante que mitigaba con lecturas que podríamos catalogar de compulsivas. Leyó en una semana el grueso libro novelado de Alessandro Manzoni titulado Los Novios. Leía todo lo que estuviera a su alcance, incluso devoraba con fruición los títulos que sus institutrices le dejaban de tarea, tales como The Legends of King Arthur. Su tía Candelaria se enteró por las cartas que le enviaba

133

María de la Luz que Isidora disfrutaba de la lectura y le envió de regalo los tomos del libro Los Girondinos de Lamartine. Pero la joven no estaba preparada para esa clase de literatura y a la mitad del primer tomo abandonó la lectura, reemplazándolo por números sueltos del periódico La Moda del correo de ultramar.

Capítulo 11

1

Doña Candelaria intentaba ejercer influencia en su sobrina en cuanto al valor de la cultura y el estatus social en la formación del carácter. "El conocimiento es poder" solía decirle citando a Francis Bacon. En estos aspectos se podría mencionar que lo lograba, pero en otros decididamente Isidora ya tenía formado su criterio por lo que había visto y vivido en Copiapó. No lograba comprender la abismante diferencia entre ricos y pobres; lo separado que estaban los mundos de aquellos seres humanos que habitaban el mismo país y que adoraban al mismo Dios. Meditar sobre estos asuntos le ponía de mal humor. Tal vez por eso algunos la encontraban poco amigable y un poco hosca.

Por el contrario, doña Candelaria era una mujer muy sociable con los que ella consideraba que estaban a su mismo nivel. De mirada severa, escondía una gran ternura bajo dicha expresión. Siempre vestía sobria y elegante. Adornaba el cuello de sus vestidos con un encaje blanco y un camafeo de marfil con la figura de su madre, doña Manuela. Se arreglaba el cabello en un apretado moño con partidura al lado derecho de su cabeza. Cabeza que siempre cubría con un velo cuando estaba en público. A Isidora le chocaba la forma de ser de su tía. En la iglesia se comportaba de un modo al punto que algunos en Copiapó la consideraban una santa, pero en la vida pública era sagaz, ambiciosa y casi, pensaba Isidora, inescrupulosa.

Su primo Pedro León se encontraba terminando sus estudios en el Instituto Nacional de Santiago y les visitaba a menudo. Isidora sentía gran cariño por él, no así por la madre de éste. En estas visitas, en algún momento a solas sentados en el jardín, Pedro León se desahogó contándole como la matriarca ya había determinado que su hermano José Tomás manejaría los negocios mineros en Chañarcillo. Ella había ejercido su influencia para que José Tomás, el banquero Agustín Edwards y don Matías fundaran la Sociedad Minera de Copiapó en 1845. En cuanto a Pedro León, éste se incorporaría como oficial a la Guardia Nacional.

Isidora se preguntaba: "¿Cómo puede una madre determinar el futuro de sus hijos?". A ella nadie le vendría a fijar el rumbo de su vida; le daría el curso que ella determinara. Se casaría con quien ella escogiera y no aceptaría imposiciones.

En cierta ocasión escuchó, escondida por ahí, a su tía Candelaria y a su madre charlar sobre su futuro. Según pudo captar se trataba de buscar un buen partido para ella.

Durante un paseo familiar por la Alameda de Las Delicias salió a colación el tema que Isidora temía. Doña Candelaria, quien se encontraba de visita en Santiago, le preguntó como si lo hubiera pensado en el momento: "Isidora ¿has puesto tus ojos en algún joven de tu agrado?".

—No, tía. He estado muy ocupada en mis lecturas. Como sabes ya domino el idioma francés de manera bastante aceptable.

—En las tertulias habrás observado a muchos jóvenes de buenas familias y que con el tiempo heredarán las fortunas de sus padres. Dime ¿No hay alguno que haya llamado tu atención?

Isidora meditó un instante su respuesta. ¿Cómo decirle que le gustaba muchísimo su primo Pedro León, cinco años mayor que ella?

—No, tía. Esperaré a que mi madre escoja un candidato.

Doña Candelaria esbozó un gesto de aprobación al escuchar la respuesta de su sobrina. Se sobresaltó cuando Isidora preguntó: "¿Tía, qué se puede hacer por los pobres?".

—¿Qué quieres decir con eso de hacer algo por los pobres? —los ojos de doña Candelaria se abrieron desmesuradamente y agitó su abanico.

—Aquí en Santiago, me han contado, existe un barrio llamado La Chimba y que los niños andan a pié pelado, incluso en los fríos inviernos. Si tenemos tanto dinero ¿No se le podría mandar a fabricar un par de zapatos a cada niño?

Doña Candelaria estaba sofocada, pero terminó riendo.

—¿Quién te ha dicho tales cosas, niña?

—Los escuché de la servidumbre —dijo Isidora bajando la mirada.

—¿No has puesto atención al sacerdote cuando cita la palabra del Señor que dijo: "A los pobres siempre los tendrán con ustedes"?

—Es que lo dice en latín y no le entiendo.

—¡Qué raro! Tu maestro de latín dice que progresas muy bien. Hablaré con María de la Luz para que cambie de maestro.

Isidora percatándose que la charla se estaba volviendo densa, se separó de la matriarca y corrió tras sus primos que se habían adelantado un poco.

—Tía, después seguimos hablando. Voy adonde mis primos. Me están haciendo señas para que me una a ellos.

2

María de la Luz pensaba que ya era tiempo para establecerse definitivamente en un lugar. Los viajes frecuentes de su marido a Valparaíso le causaban inquietud. Vivía en constante preocupación. Las lluvias invernales volvían los caminos intransitables. Notaba un agotamiento en él a causa del exceso de trabajo. Isidora entraba en edad de merecer y era necesario buscarle un buen partido, aprovechando la entrada al reducido círculo social logrado en Santiago.

—No es posible, Matías, que tus frecuentes idas y venidas al puerto, al norte y quién sabe adónde más, te estén quitando tanto tiempo. Ya casi no disfrutamos de un domingo de paseo agradable en tu compañía. Isidora está en una edad que necesita de un padre.

—Soy consciente de ello, querida. Es cierto lo que dices.

—Isidora se queja de soledad. Sus hermanos estudian lejos y a mí se me hace difícil conversar con ella.

—¿Por qué, María de la Luz?

—Tú sabes que ella siempre está tocando temas...temas de los cuales yo no entiendo mucho. Ayer me preguntaba sobre la producción de plata del año pasado de la Descubridora. Menciona libros y autores que no conozco y que, la verdad sea dicha, no me interesan mucho. Contigo charlaban de tantas cosas.

—Comprendo. Retrasaré unos días mis viajes y me tomaré un tiempo para hablar con ella.

Vana promesa. El empresario continuó sus actividades aún en mayor medida. Para 1850 fue nombrado Director de la Junta de minería de Copiapó, organismo que agrupaba a todos los industriales mineros. Isidora sobrellevaba su soledad refugiándose en la lectura y en el aprendizaje del francés e inglés.

El cumpleaños número quince fue el estreno de Isidora en la alta sociedad santiaguina.

En abril de 1851, al enterarse don Matías del motín de Pedro Urriola, donde incluso el mismo Pedro León combatió en las calles de Santiago en defensa del gobierno de Manuel Montt, comprendió que era urgente abandonar Santiago. Los vientos liberales asediaban el viejo tronco conservador. La minería desplazaba a la agricultura. El sangriento motín político produjo gran inquietud en la familia y en especial en María de la Luz. Era el momento de abandonar la capital. Para finales de ese año ya estaban instalados nuevamente en la hacienda Quinta de Maipo, no lejos de Santiago. Para placer de Isidora volvieron las tranquilas tardes con su padrastro, platicando todos los temas posibles de la época.

La curiosidad de la joven no tenía límites.

En especial hervía de ganas de saber que realmente acontecía en el plano social. Últimamente la figura de Liquitaya era recurrente en su mente. Intuía que la sentencia de la india sería como un faro que la llevaría a puerto seguro. "De ti, pequeño ángel, dependerá que este funesto destino cambie. Solo de ti dependerá".

—Padre, ¿vive gente en el lado norte de Santiago? Miss Candler dice que son los arrabales de la capital. ¿Qué significa? Le pregunté a tía Candelaria y me contestó que eran horrendos revoltijos de miseria y corrupción, que eran una amenaza para la sociedad honesta. No entiendo.

Don Matías suspiró y después de sopesar sus palabras dijo:

—Allí vive gente muy pobre. Tienen problemas sanitarios y morales. Las epidemias, la prostitución y los vicios los han convertido en eso que dice tu tía. Nadie los quiere ver. En Copiapó tenemos la misma situación.

—¿Podrían ser una amenaza, como dijo tía Candelaria?

—Algunos piensan que el deambular de esos pobres por la calles podría desplomar el orden que nuestra clase ha creado con tanto esmero a este lado de Santiago. La clase dirigente no sabe qué hacer con ellos.

Mientras Isidora escuchaba a su padrastro, se entretenía con su pie con algunas hojas secas que habían caído cerca de ella.

—¿Te cuento un secreto? Conversé de esto con mi primo Pedro León.

—¿Y qué te comentó?

—¡Uf! Habló y habló y yo le entendí poco. Recuerdo que mencionó una tal Sociedad de la Igualdad.

—He leído sus artículos políticos en La Tribuna. Me ha parecido un conglomerado político moderado.

—Lo que dijo tía Candelaria me da miedo. ¿Tendrá que ver con lo del motín de Pedro Urriola?

—Es posible, hija. Ahora, yo te contaré un secreto a ti.

Isidora paró de jugar con las hojas secas.

—Estoy trabajando para que nos mudemos aún más al sur. No se lo digas a nadie.

—No te preocupes. Tu secreto está bien guardado conmigo.

El sol desaparecía por el sinuoso horizonte de la Cordillera de la Costa, arrojando un arrebol sobre sus rostros. Padre e hija abandonaron el zaguán y se retiraron al interior de la casona que empezaba a ser iluminada por los sirvientes.

3

Entretanto, el señor Cousiño impresionado por la enorme influencia que empezaba a ejercer el empleo del vapor en la actividad comercial y fabril en ciertos países, comprendió la importancia de que Chile dispusiera de fuentes propias de combustibles.

A principios de 1852 resolvió dedicar su tiempo y fortuna a organizar y fomentar la industria del carbón.

Esto significó para Isidora pasar la mayor parte de su tiempo en la hacienda Quinta de Maipo con sus tutoras e institutrices. Su primo Pedro León Gallo había regresado a su ciudad natal, Copiapó, y se hizo cargo de los negocios familiares. De cuando en cuando escribía cartas a la joven contándole de sus intensas lecturas. Ellas influenciaban su pensamiento de ideas liberales. Desde Europa llegaban nuevos libros, artistas, objetos lujosos, y Valparaíso era la gran puerta del Pacífico. Además pronto sería elegido regidor por Copiapó. "Una vez más la mano de la tía Candelaria" murmuraba Isidora. Conversaría de aquello en cuanto viera a su padrastro.

No fue posible. Para finales de mayo de 1852 la familia Cousiño Goyenechea ya habitaba una sencilla casa de una sola planta, piso de madera y muro de ladrillos, ubicada en la hacienda Colcura, frente a la bahía de Arauco en una localidad que los habitantes llamaban Lota.

Cuando Isidora descendió de una de las muchas diligencias que formaban la larga fila de mudanza de medio kilómetro y que venían viajando por días, pudo percibir lo que sería vivir en aquellos fríos y húmedos parajes del sur de Chile. Se sorprendió al notar el vapor que salía de su boca al hablar. Le causaba placer el efecto pero se abstuvo de demostrarlo al notar el pésimo humor de su madre.

Salió a recibirlos un señor de unos 53 años de edad, de porte aristocrático. Su figura denotaba un aguerrido pasado y estaba muy bien conservado para su edad. Isidora había escuchado la admiración y respeto con que su madre se refería a él en público. Usaba la expresión "nuestro héroe de la Independencia". Sin embargo en la intimidad reprochaba a don Matías su amistad con él.

—Matías, te rodeas demasiado de esos liberales. ¿Sabías que este señor Alemparte participó activamente en el motín de Pedro Urriola?

Gracias a los afanes del señor Alemparte, la familia Cousiño Goyenechea pronto estuvo instalada en la modesta casa ubicada en la cumbre de un cerro desde el cual se dominaba la vista del golfo de Arauco. El frente de la casa presentaba cuatro ventanas y en su interior, por toda comodidad, había dos chimeneas de refractarios alimentadas con carbón. A pesar del constante cielo nublado y las frecuentes neblinas matinales, era la vista favorita de Isidora.

En junio, las bajas temperaturas en Lota no tardaron en hacer mella en la salud de la joven Isidora.

—Hija, ¿por qué te has vestido con ese traje tan delgado? ¿No tienes frío? Yo estoy helada —decía su madre.

—Me gusta andar fresca, mamá. No me acostumbro a esos vestidos de tela tan gruesa. Me pesan.

143

Isidora lo pasó resfriada todo el invierno de ese año. En ocasiones incluso con fiebre muy alta.

Aquel inhóspito lugar, la mala salud de Isidora y a un Matías que recorría los piques a diario y que por las tardes volvía cubierto de restos de carboncillo, terminaron por deprimir a María de la Luz. Ni siquiera se alegró cuando un nueve de septiembre entró don Matías exultante agitando el documento de la formación de la Compañía de Carbón de Lota. Perdiendo su compostura habitual, el señor Cousiño explicó a la pequeña familia el significado de la comunidad que se había formado con los señores Tomás Garland y los hermanos Alemparte.

La única que se interesó en el documento y sus implicancias fue Isidora, quien pasaba tardes enteras cerca de la chimenea leyendo.

—Lo que sucede, hija, es que los mantos de carbón no se extienden hacia el lado de la hacienda, sino hacia el mar. Y que será preciso realizar instalaciones dentro de los terrenos ocupados por los indios en las vecindades del mar.

María de la Luz se agarró la cabeza desesperada.

—¿Qué haremos Matías? No puedes meterte al mar a sacar carbón y los indios no te servirán de peones. Ellos desaparecen en el tiempo de las cosechas.

—¿Por qué no les pides permiso para cavar los piques y les das un porcentaje del carbón que extraigas? —propuso Isidora esforzándose por aportar.

Don Matías sonrió, no con el ánimo de burlarse de su hijastra, sino por la inocencia de la proposición.

—Precisamente para salvar estas dificultades y facilitar la fundación del establecimiento carbonífero fue que organizamos esta comunidad, hija. Compraremos los terrenos que ocupa actualmente el cacique Carbullanca mediante escritura.

—¿Y cómo sabrán esos indios si están recibiendo el precio justo por sus tierras?

La pregunta sorprendió a todos, incluso a la sirvienta, siempre atenta a la charla de sus patrones, mientras traía la bandeja con el té de la tarde.

—No está en mi ánimo estafarlos.

—En lugar de estar suponiendo cosas aviesas deberías escribirle a tu hermano Luis. Hace una semana que llegó carta de París y debe estar esperando te dignes a dedicarles unas líneas —dijo doña María de la Luz molesta.

4

Cuando doña Candelaria se enteró que don Matías tenía planes de dedicarse a la minería del carbón puso el grito en el cielo.

—Estaban instalados en la capital y en el centro financiero y comercial en Valparaíso y como si fuera poco ya se codeaban con las buenas familias de Santiago. Me pregunto ¿por qué quería llevarse a vivir a mi sobrina a esas tierras inhóspitas? Por favor, dime algo Miguel. ¿No

145

te parece una locura? La gran mayoría se instaló en Valparaíso transformando el puerto en el emporio comercial del Pacífico Sur.

—Mujer, siempre te inmiscuyes demasiado en la vida de los Cousiño.

—¿Sabes tú del clima gélido y lluvioso de ese lugar adonde piensan irse a vivir?

—No exageres, Candelaria. Cierto es que llueve mucho y nosotros aquí en Copiapó nos cuesta imaginarnos cómo será tal clima. En todo caso van a vivir cerca de una ciudad importante, Concepción.

No te burles de mi cultura, Miguel, sé perfectamente donde queda ubicada la hacienda Colcura. Cousiño se la compró a don José Antonio Alemparte. Y pensar que fue nuestro hijo Pedro León quien se los presentó.

—Se dice que allí se encuentra grandes yacimientos de carbón.

—Se supone, Miguel, se supone. Ese Cousiño no ha tomado en cuenta la cantidad enorme de asentamientos indígenas que les rodean. A ti te consta lo que costó formar a esa gente de San Fernando en buenos obreros. Eran flojos y ladrones.

—Candelaria, te prohíbo que te expreses de ese modo de mis trabajadores. Es cierto que nos ha costado disciplinarlos. Por otro lado desde que mejoramos sus condiciones de vida ellos han sabido responder. La producción de plata no hace sino aumentar.

Doña Candelaria dejó a un lado el trabajo de bordado en que se ocupaba. Sentía cansada la vista y sacudiendo la cabeza en un gesto de desaprobación dijo:

—Un lugar tan cerca del mar, rodeado de indígenas...no, eso no va a resultar. Además, ¿quién necesita carbón? En el sur lo usan para calentarse, pero acá nosotros nos abrigamos por las noches con una buena manta.

—Mujer, sabrás mucho de escritores latinos, pero de industrias no sabes nada.

—¡Cómo que nada! Se te olvida que fui yo quien te aconsejó invertir en propiedades.

—No me refiero a eso, Candelaria. ¿Sabes tú cómo funciona un horno de revertero? ¿Sabes tú la gran demanda que habrá de carbón cuando entren en función los ferrocarriles y los barcos movidos por este mineral al que tú das poco valor?

—Está bien. Si llegara a suceder lo que tú dices, entonces para eso estará el carbón inglés, ¿verdad? Su calidad está probada. Ves que yo entiendo de lo que hablas.

La charla fue interrumpida al entrar la sirvienta anunciando que la cena estaba preparada.

Ya sentada toda la familia alrededor de la mesa, Candelaria, para dar por finalizado el tema con su marido, preguntó al aire: ¿don Matías ha visitado alguna vez Inglaterra? No esperó respuesta y la conversación giró hacía el tema en boga: el asfixiante centralismo y autoritarismo del gobierno conservador de Manuel Montt, el presidente de la República. Aquellos días de cenas tranquilas, tertulias placenteras y la tranquilidad que da saber que la caja fuerte está rebosante de dinero contante y sonante pronto tocaría su fin. Como la negrura de una noche plagada de pesadillas, la desgracia acechaba a los Gallo Goyenechea a la vuelta de la esquina.

5

Por todo Copiapó y Chañarcillo circularon dimes y diretes sobre las circunstancias del fallecimiento del diputado por Copiapó. Algunos afirmaban que resbaló subiendo el cerro y se golpeó la cabeza, otros juraban que vieron en pleno día una sombra acercándose y el espanto lo mató. Lo concreto fue que un 8 de marzo de 1853, después de haber recorrido durante tres horas las labores y faenas de sus minas de plata, don Miguel Gallo Vergara, según consta en el certificado médico, falleció de un fulminante infarto cardíaco.

Su esposa solo dijo al enterarse de la fatal noticia: "Mi esposo deja una memoria sin tacha y el ejemplo de las más apreciables virtudes sociales" y agregó: "Ordenaré al pintor Francisco Javier Mandiola un retrato al óleo que conserve con sus nobles y hermosas facciones un imperecedero recuerdo". Luego secó sus lágrimas con un pañuelo de seda.

Doña Candelaria Goyenechea, sea por su carácter religioso o por temor a que la fortuna caída del cielo fuera a parar a manos de un nuevo esposo, no se casó y sobrellevo su viudez hasta su muerte en 1884. Jamás pasó por su mente las desgracias que le sobrevendrían con el tiempo una vez que su esposo se hizo de la Descubridora. Después de 1832, todos sus hijos varones que les nacieron, murieron prematuramente, como si una fuerza oculta quisiera borrar de la tierra el apellido Gallo.

La muerte de su esposo encontró a la viuda con la pesada carga de administrar una gran fortuna amasada en conjunto con el fallecido. No se sentía capaz de controlar todo ese tremendo caudal de bienes. Optó por involucrar a su hijo mayor, José Tomas de 20 años de edad, desoyendo los consejos de sus parientes de contratar un administrador de confianza.

Don José Tomas, educado en la ciudad de La Serena, era un joven de gran carácter, activo y resuelto. Pero estaba más interesado en la política que en los negocios. Aceptó el reto porque se lo pedía su madre y porque de algún modo serviría a sus planes de presentarse de candidato a diputado suplente por Copiapó. Fue en ese momento que José Tomas conoció otro aspecto de la personalidad de su madre. A sus ojos emergió la sagaz y visionaria mujer de negocios, empujando a un segundo plano a la que hasta ese momento había sido la dulce y encantadora madre.

La fatal noticia fue asimilada en distintos grados por los Cousiño Goyenechea. María de la Luz sufrió un desmayo y lloró una semana entera. Don Matías, carta en mano, bajó la cabeza y solo murmuró: "Que desgracia. Una infeliz noticia".

Isidora tapó su boca con ambas manos ahogando un grito de espanto y corrió a su dormitorio. Cuando ella traspasó el umbral de su cuarto quedó paralizada. En la poltrona cerca de su cama estaba sentada la figura de Liquitaya.

6

Isidora luchaba por mantener la calma, mientras miraba las ventanas y la puerta que comunicaba las habitaciones contiguas. Todas estaban cerradas.

—¿Quién es usted? ¿Cómo entró en mi habitación?—dijo desafiante.

—¿No me reconoces, mi pequeño ángel? —respondió la anciana mostrando su desdentada boca con algo parecido a una sonrisa.

—¿Eres tú la bruja de Copiapó? —no se atrevía a acercársele.

—La mesma, pues. Si quieres me sigues llamando Liquitaya. Aunque eso ya no tiene importancia.

—Te pregunto de nuevo ¿Cómo llegaste hasta acá?

—Cuida que no te asustes. Hace mucho que estoy muerta.

Isidora se esforzaba por permanecer tranquila. Notaba en la anciana cierto aire místico, un "algo" proveniente de un mundo desconocido pero cercano a la vez. Santiguándose insistió.

—¿Qué quieres de mí?

La expresión de la india cambió. Bajó su mirada y dijo con voz apenas audible:

—Vengo a rogarte que hagas algo por aliviar el sufrimiento de mi gente. Tanto que luché por cambiar la situación de los trabajadores en el norte. ¡Mis pobres apires y esos malditos burgueses!

—¿De qué nos vas a acusar ahora? Mi padre no le robó a nadie la hacienda Colcura de Lota. A los que trabajan extrayendo carbón se les paga un sueldo justo.

—¿Has visto en las condiciones en que trabajan? Aquí, esta cuestión ha sido completamente abandonada. Hay minas que matan cada año a centenares de mineros sin que nunca los dirigentes se hayan preocupado de los medios de aminorar este grave mal.

—Pero mi padre…

Fue interrumpida con violencia.

—Tu padre, tu padre. ¿Sabes lo que pagó tu padre por las tierras al cacique Carbullanca en Lota? ¿Sabes la cantidad de niños menores de 12 años de edad que están trabajando en las profundidades de las minas de carbón hasta que mueren? Averigua y acuérdate de las palabras que te dije en Copiapó.

En ese instante Isidora escuchó que tocaban a su puerta.

—Isidora, ¿estás ahí dentro? ¿Hablas con alguien?

Era su madre. Como no recibiera respuesta, ingresó al recinto. Isidora estaba parada con los ojos desmesuradamente abiertos. A ver a su madre cruzó sus brazos, bajó la cabeza y con paso decidido empezó a pasear por la habitación.

—¿Qué tienes, niña? ¿Con quién hablabas? No veo a nadie.

—No, mamá. Estoy sola. Recitaba en voz alta un poema que debo aprender de memoria.

María de la Luz se sentó en la poltrona.

—¿Un poema? Por la expresión que tienes debe ser de espanto. Anda, continúa, te escucho.

Con voz vacilante, Isidora improvisó, recordando la carta III de Eloísa a Abelardo:

En este silencioso y triste albergue
de la inocencia venerable asilo
donde reina la paz sincera y justa
en sosegado y plácido retiro
y la verdad austera y penitente,
sujeta la razón el albedrío;
¿qué tempestad, qué horror tan impensado
vuelve a turbar el corazón tranquilo?

No pudo continuar y rompió en llanto. Una debilidad que no se perdonaría.

Capítulo 12

1

Isidora se vistió con aquel vestido de terciopelo azul que tan bien se ajustaba a su cuerpo delgado pero a la vez recio y fuerte como un roble. Se miró al espejo y vio en él sus ojos almendrados color marrón y su larga cabellera; tan negra como el carbón que extraían de las entrañas de la tierra. Esta caía sobre sus hombros de piel blanquísima por los cielos perennemente nublados de Lota, en un tiempo bronceados por el sol copiapino.

Aguzó el oído, atenta a lo que sucedía en el zaguán de la entrada a la casa familiar. De un momento a otro escucharía la diligencia cuando se detuviera trayendo a su hermanastro Luis. Viajaba solo. Su hermano Emeterio había permanecido en Santiago con los parientes de don Matías.

El alboroto de los que esperaban le indicaría el arribo y entonces se cubriría los hombros con el tul de encaje negro que ya tenía a mano. Permaneció en su habitación atenta.

La primavera se mostraba en todo su esplendor en Lota. Don Matías daba gracias al cielo pues hacía dos días que no llovía, de modo que los carruajes no se atascarían en el lodazal de los caminos.

El ambiente estaba revolucionado en casa de los Cousiño. El señorito Luis regresaba de sus estudios en Europa. Todos se esmeraban en mostrar su mejor cara al Monsieur Luis. Doña María, como le llamaba el personal de servicio, recorría cada rincón dando órdenes. "Es inútil, por mucho que nos esmeremos, este barracón no lucirá a la altura de Luis. ¿Entiendes Isidora? Luis regresa de París, ¡París! La cuna del mundo civilizado. ¡Por dios! Me falta el aire. Debemos hablar con Matías al respecto. La humedad y el hollín lo inundan todo. ¡Mira mis uñas! Necesitamos una edificación nueva, una de acuerdo a nuestra posición social".

Pasó el medio día y llegó la tarde. Ni señas de Luis con la comitiva de servidores y equipaje que le acompañaba.

El nerviosismo aumentaba. Don Matías paseaba por corredores, bajaba al jardín y volvía a entrar al living. Doña María, para matar la ansiedad había retomado el bordado abandonado hacía semanas. Isidora permanecía en su habitación y no se había presentado a la hora del almuerzo.

Por fin se divisó en lontananza el carruaje seguido de mulas que cargaban el abultado equipaje de Luis. A la cabeza de la caravana venía un Coupé un cuarto, que con un cochero y un caballo era suficiente para la marcha, y que Luis lo había traído de París. Su color negro brillante emitía destellos de luz reflejada por un sol pronto a ocultarse.

Luis bajó del coche impresionado por la recepción. La servidumbre formando un semi ruedo, don Matías con María de la Luz a la cabeza esperaba impacientes en la entrada de la casona. Era todo un acontecimiento en Lota. Luego, los palmoteos en la espalda de don Matías, los besos de María de la Luz y las reverencias de los sirvientes...todo era observado por Isidora desde el ventanal de su habitación. Esperaría a que todos estuvieran en el living para mostrarse.

En el momento en que Luis comentaba a su padre las bondades de su Petit Coupé Brougham; de la facilidad para circular por las estrechas y tortuosas calles del viejo París, se hizo presente Isidora.

—¿Cómo te va, hermano mío? —dijo y estiró su mano para que Luis la rozara con sus labios, emulando a los personajes de las novelas.

Luis no podía creer que aquella hermosa mujer fuera su hermanastra.

—Ven acá, chiquilla —exclamó Luis tomándola en un abrazo y levantándola giraron los dos en medio de los aplausos de los sirvientes y las risas de sus padres. Isidora murmuró al oído del recién llegado: "Mi felicidad habría sido completa si te hubiera acompañado Emeterio".

2

Los días siguientes fueron para Luis un asedio constante por parte de Isidora. En la mañana, en la tarde y hasta entrada la noche interrogaba a su hermanastro. Ciertamente que Luis tenía mucho que contar. Viajó por varias capitales de Europa y visitó no pocas de las principales ciudades del viejo mundo. Ninguna de ellas acaparaba más la atención de la joven que la Ciudad Luz.

—¡Háblame de París, Luis!

—Pero si ya te he contado todo, Isidora.

—Todo lo que te he escuchado es sobre industrias, negocios, monedas, palacios, en fin, temas que les interesa a papá y mamá. Dime: ¿Cómo son las francesas?

—¿La mujer francesa? Bueno, te diré que apenas se levantan por las mañanas se mojan el rostro con agua fría, y solo agua fría. En cuanto a maquillaje, solo se pintan los labios. No escatiman en perfume. La fragancia es para ellas, además de oler bien, su marca personal que las caracteriza. Cuidan su cabello dejándolo secar naturalmente. En los exteriores, la sombrilla es irrenunciable. Se fastidian cuando les dicen que deberían sonreír más o que una sonrisa se vería mejor en su rostro. No solo se molestan sino que sienten que es una falta de respeto.

—¿Y cómo visten?

—Los vestidos se usan muy largos y ajustados a la cintura, pero amplios al llegar al suelo. Las mangas son más bien holgadas y se usan hasta el codo o bajo éste. Los vestidos de noche pueden tener sugerentes escotes y a veces se llevan mostrando los hombros.

—¿Qué moral se estila allí, entonces? —interrumpió María de la Luz. Miró a su marido buscando apoyo.

—Mamá, es París, la cuna de la civilización. Dime Luis ¿Cómo usan el peinado?

Luis se divertía con semejante interrogatorio.

—El cabello se lleva recogido sobre la cabeza. En ocasiones también se usan grandes sombreros decorados con plumas.

—Es suficiente por hoy —interrumpió el dueño de casa—. Vamos a dormir todos. Mañana, yo y Luis deberemos inspeccionar la planta de ladrillos refractarios. Tengo algunas ideas y quiero que me des tu opinión.

3

No pasó mucho tiempo para que la opinión de María de la Luz prevaleciera. No obstante la casa que habitaban era espaciosa y dominaba muy bien los complejos fabriles y los piques en obra, no concordaba con las maravillas que relataba Luis de París. Finalmente, don Matías aceptó desviar recursos monetarios para construir un palacio en el cual su familia se sintiera a gusto. Sería el primer palacio de los Cousiño Goyenechea. Nadie siquiera pensaba que tendría una brevísima existencia.

La señora Cousiño determinó ubicarlo en la parte baja de la colina que más tarde don Matías pensaba destinar a crear un gran parque. Se llamaron a arquitectos de renombre y su construcción se inició el año de 1853. Isidora observaba semana a semana el nacimiento del edificio.

Cuando la obra estuvo habitable, a Isidora le pareció un severo edificio de dos pisos en forma rectangular de unos 25 metros por lado. Su fachada no era ni suntuosa ni elegante.

El resultado final pareció no ser del agrado de nadie, pero don Matías se conformaba pensando que ahora su familia iba a estar más cómoda. Para más de algún europeo debió parecerle semejante a aquellos severos castillos de la edad media, tanto por su forma almenada como por sus dos torreones que se erigían a ambos lados del palacio. Le rodeaba una balaustrada barroca adornada con molduras para formar las barandillas. El frontis o entrada, mirando hacia el oeste, se distinguía solo por dos torres. La parte posterior daba a un gran patio bajando una ancha escala de pétreos peldaños y ambos lados de ésta eran custodiados por dos hermosos perros de bronce fundido en pedestales de igual material. Más abajo, en medio del jardín, se apreciaban dos leones en posición de vencedores en una lucha eterna con serpientes. La mansión estaba rodeada de una infinidad de plantas y jarrones.

La entrada estaba franqueada por portones vigilados por guardias. Un camino de conchas decoraba toda la cuadra hasta la entrada a la mansión. Por las noches todo el sector era alumbrado por mecheros a gas. Las habitaciones de la servidumbre se hallaban como a unos veinte metros del palacio. El conjunto habitacional lo completaban un invernadero, quioscos europeos y arabescos, fuentes de agua y esculturas.

Para el ornato, María de la Luz sugirió invitar a un tal Raymond Monvoisin. Según ella había escuchado, era un pintor francés venido a Chile en 1843 con el propósito de exhibir sus cuadros y de fundar una academia de pintura. En Santiago, naturalmente.

Un mes más tarde arribó al puerto de Lota uno de los barcos de la Compañía trayendo de pasajero a un señor regordete de unos sesenta años de edad, mediana estatura, mostrando una energía intacta para su edad, pero cuya belleza de mozo francés se la había llevado los años.

Durante la cena, la conversación transcurrió en el idioma de Víctor Hugo, no obstante el pintor dominaba el español y era de una infatigable locuacidad. Les relató las peripecias en el velero en que viajó desde El Havre y que no pudo doblar el Cabo de Hornos a causa de los huracanes antárticos. Debió volverse a Montevideo y optar por la vía terrestre. Cruzó la Pampa en coche junto a una caravana de carretas para protegerse de los bandidos. Demoró cincuenta días en pasar de Buenos Aires a Mendoza y de ahí a Santiago en una travesía por los Andes tan azarosa como para olvidar. A poco de iniciar el cruce, el coche en el cual viajaba cayó a un barranco y perdió el dinero y oro en polvo que traía consigo. Muy a mal traer, siguió viaje a caballo arreando una tropilla de mulas con su equipaje y sus cuadros, su tesoro pictórico que había exhibido en los salones de París, siempre en la angustia a que los animales desbarrancasen.

Al día siguiente, el pintor desplegó los lienzos de sus pinturas y que más tarde la familia se encargaría de enmarcarlos bellamente. Isidora eligió "Eloísa" en recuerdo de la novela francesa Abelardo y Eloísa y "La última cena de los Girondinos" en recuerdo de su tía Candelaria. María de la Luz eligió "Alí Pachá y su favorita" fascinada por la mirada del sultán y Luis escogió "Guerreros Griegos" y "Carlota Corday" admirador de aquella revolucionaria francesa del partido de los girondinos y famosa por haber asesinado a Jean-Paul Marat.

El famoso pintor permaneció dos semanas con la familia y finalmente fue despedido de vuelta a Valparaíso con grandes muestras de cariño y admiración. Luis se prometió en su fuero interno ayudar a los artistas mientras viviera.

4

Isidora y Luis iniciaron una relación diferente a la de la niñez. Ella le escuchaba arrobada sus experiencias parisinas imaginando en su mente todo aquel mundo de lujo y fantasía.

Cierto día, mientras conversaban, Isidora le tomó sus manos en un gesto de aprecio.

—Hace un tiempo tuve un sueño que me mantuvo feliz toda una semana. No se lo he contado a nadie.

—¿Un sueño?

—Te lo contaría si prometes guardarlo solo para ti.

—Puedes confiar en mí.

—Pues, soñaba que yo era la heroína de una novela que leí.

—¿Qué novela?

—Es una novela de madama Ratazzi titulada: "¡Si yo fuera reina!"—Isidora respiró profundo, temiendo que la emoción le quebrara la voz—. La heroína de la novela es una joven perteneciente a una de las familias de la más alta aristocracia de Bélgica, educada con esmero que corresponde a su clase y a su opulencia. Benéfica por carácter y por su educación, se complace en dar limosna a los pobres y un día en que había agotado ya su pequeño capital, cuando volvía de la iglesia con su madre, halla a pocos pasos de su casa una pobre mujer cubierta de harapos. Quiere aliviar su desgracia y con permiso de su madre sube a su casa, hace un lío de ropa usada, toma la mayor moneda que tenía en su bolsillo y baja corriendo. Da las ropas y la moneda a la mujer; ésta fija sus ojos en la niña, que entonces tenía ocho años, la toma de la mano y después de haberla mirado atentamente, le dice en tono enfático e inspirado: "Crece, hija mía; Dios te bendice por tu buen corazón. Serás tan bella como buena...Sigue tu destino...el porvenir, que no tiene secretos para mí, te prepara grandes dolores y recompensas inesperadas. Crece, tú serás la Providencia de los infelices. Acuérdate de las palabras de esta vieja: llegarás a ser reina.

Se produjo un silencio una vez terminada la reseña. Luis estaba confundido y no sabía qué comentar. Percibía que su hermanastra le estaba abriendo su corazón y quería estar a la altura. Finalmente se decidió comentar:

—Es un bello relato, Isidora. ¿Te identificas con la heroína?

Isidora no contestó. Se limitó a mirarle a los ojos. ¡Qué riqueza de sentimientos y exquisitos placeres se escondían tras ellos!

—Bien, una reina necesita un rey ¿N'est ce pas?

Ambos rieron. Una complicidad secreta había nacido.

Desde cualquier lugar del palacio y de los jardines que les rodeaban se accedía a una magnífica vista al mar. Este era el paseo favorito de Isidora y los fines de semana después de misa en la iglesia de Lota Alto se hacía acompañar por Luis en sus caminatas.

Una tarde ocurrió lo inevitable. Primero salió Isidora a revisar sus plantas del invernadero y al alejarse del lugar divisó a Luis que venía caminando distraídamente en sentido contrario. Al verse, se detuvieron en seco. Tras mirarse un momento, se aproximaron uno al otro rosando sus cuerpos. Luis le abrazó e Isidora cerró los ojos cuando sintió en su mejilla el suave roce del cuello de la camisa de él. Luis respiró hondo mientras la estrechaba aún más fuerte.

—Isidora, no puedo evitarlo...—le susurró con voz entrecortada.

Ella aceptó el abrazo y alzó sus brazos para rodear el cuello de él mientras echaba su rostro hacia atrás ofreciendo sus labios entreabiertos.

Perdiendo la noción del tiempo, permanecieron de pie besándose los labios, las mejillas y los ojos. El silencio del jardín era tal que ambos podían escuchar los latidos de sus corazones.

Finalmente se sentaron con las manos entrelazadas. Luis se esforzó por aquietar su respiración y poder expresarse. Ella adivinando sus intenciones puso su dedo índice en los labios de él.

—No debemos, Luis. Somos hermanastros, pero la gente nos ve como hermanos.

—Entonces, ¿cómo ahogar esto que siento por ti, mi amada Isidora?

—Yo siento lo mismo por ti, Luis —dijo bajando la vista avergonzada.

El romance no pudo ser guardado ni ocultado. Todo el pueblo se dio cuenta. Era demasiado evidente. El último en enterarse fue don Matías. Doña María no tardó en escribirle a doña Candelaria.

Sin embargo el estupor duró poco. La matriarca, aparte de no verlo con malos ojos, aconsejó que las fortunas se mantuvieran separadas, es decir, Isidora administraría su herencia y Luis la de él. Sin embargo la diferencia de las fortunas era considerable. Luis aportó al matrimonio la suma de $ 75.000 pesos, por su parte Isidora aportó $ 1.427.418 pesos.

El tema tan prosaico, pasó inadvertido para la pareja que vivía envuelta en un hálito de insondable romanticismo.

5

En Lota se fue formando un ingente comercio no solo de insumos de primera necesidad sino además venta de artículos de lujo. La planta del pueblo era aún restringida y las mareas altas reducían el espacio aún más. En ocasiones llegaba hasta la Plaza de Armas. La iglesia parroquial se ubicaba en el extremo sur de ella. Don Matías insistía que ese lugar de culto era perfectamente apropiado para la boda.

—¡Santo cielo!, Matías, pero cómo puedes pensar que nuestro hijos se casen en una iglesia tan...Dios me perdone...insignificante. Debe ser en Santiago, en la Catedral. Así nos aseguramos que asista la flor y nata de la gente de bien.

—¿María de la Luz, no sería razonable que fueran ellos quienes lo decidieran? —preguntó—. Es su boda.

—Le preguntaremos a Luis. Es un hombre de mundo y ¿quién mejor calificado que él en cuestión de gustos?

—¿La opinión de Isidora no debe tomarse en cuenta, según tú?

—Ella es una mujer comprometida, que es lo mismo que casada. Debe entender que lo que se exigirá de ella, de aquí en adelante, será ser una buena madre y saber rezar. No necesitará más.

Don Matías, que siempre evitaba la confrontación con su esposa, pensó guardar silencio, pero no pudo aguantar decir en voz baja: "Me da pena que pienses así" y salió del salón.

La decisión de la pareja recayó en la catedral de Concepción. Esencialmente por evitar los fatigosos traslados que significaba viajar a Santiago. La fecha elegida fue en marzo de 1855; a la entrada del otoño. Sin embargo, París, destino pensado para la luna de miel, se cubriría de flores por la entrada de la primavera.

Ese año fue para Isidora uno de los períodos en su vida como el más feliz. Ese que ella recordaría como único e irrepetible a lo largo de su azarosa existencia.

En la noche de bodas, la joven casada no se sorprendió que Luis ya fuera bastante instruido en las artes amatorias. Fue delicado y decidido. Isidora no experimentó las sensaciones narradas por las heroínas de las novelas, pero tenía la esperanza que con la práctica llegaría a sentir tanto placer como notaba que sentía su joven marido.

A la mañana siguiente, reunida toda la familia a la hora del desayuno, María de la Luz comentó que había recibido carta de su ex cuñada. Se excusaba por no poder asistir a la boda. Daba como disculpa ciertas dificultades familiares, pero Isidora observó que la carta tenía tres carillas escritas por ambos lados y que por la extensión habría más detalles sobre esas "dificultades familiares". Presintió que debía ser algo grave a juzgar por la expresión de su madre.

—Por supuesto que es comprensible —comentó don Matías— considerando el sufrimiento a que está sometida nuestra querida Candelaria. No han pasado ni dos años que nuestro recordado Miguel dejó este mundo.

—Es cierto, papá, —añadió Isidora, que se mantenía informada de todo lo que sucedía en Copiapó —leí en la prensa que nuestro primo Pedro León protagonizó un serio incidente con el Intendente Coronel Silva Chávez y le amenazaron con la destitución como regidor.

—Políticamente hablando, la situación está complicada en el norte —agregó Luis.

—Espero que la convulsión política en Copiapó no llegue a mayores —dijo don Matías—, propongo que cambiemos de tema y hablemos de vuestro viaje a París.

—¡Sí!—aplaudió Isidora.

—He dado ya instrucciones para que les habiliten una recámara cómoda en el carbonero Paquete del Maule. En el viajarán a Valparaíso. En ese puerto embarcarán en el Iberia. Este buque los llevará a puerto francés. Bueno, y desde ese momento Luis será el guía.

—¡Ah! Ma patite, podrás admirar las maravillas de este faro de la civilización humana. Te mostraré la catedral Notre-Dame, la Sainte-Chapelle, el Musée du Louvre, el Sacré-Coeur, el Arc de Triomphe y el Saint Louis des Invalides. No solo te extasiarás contemplando estos monumentos, además visitaremos algunos de los más hermosos palacios. Ya lo verás.

Isidora escuchaba arrobada, tratando de imaginar los detalles de tanto esplendor. Luis se esforzaba en llenar sus relatos con todo tipo de florituras.

A la semana siguiente, la feliz pareja se despedía de sus padres y empleados de cierta jerarquía de la Compañía. Entre abrazos y parabienes partieron a Europa. En Valparaíso les esperaba el Iberia, un barco a vapor construido en 1851; con su gavia patentada en Cunningham.

6

Meses después, los Cousiño Gallo recibían carta de Isidora y Luis. Don Matías se sorprendió al notar la letra de Isidora, de hermosa caligrafía e inclinada hacia adelante denotaba ya su carácter. Don Matías recordaba lo renuente que siempre se mostraba su hijastra a escribir cartas.

Con manos temblorosas abrió el sobre.

París, julio de 1855

Queridos padres

Soy tan feliz que el egoísmo de mi felicidad me había impedido escribirles antes. Tal como tú nos advertiste, papá, la primera etapa del viaje fue aventurada. La estruendosa máquina del Iberia no tenía otra misión que mover el buque. El alumbrado lo aportaban lámparas de aceite, (de lo que no me quejo porque las penumbras nos ocultaban de ojos indiscretos) y no existiendo bodegas frigorizadas, el Iberia debía renovar en cada puerto la provisión de carne y verduras. Este caleteo obligó a alargar más de un mes la travesía hacia los puertos franceses.

Descansamos un par de días en el hotel Los Inválidos e iniciamos el recorrido por París abordando un pequeño barco que navegaba por el Sena por recomendación de mi esposo y que según se nos prometió, presentaría ante nuestros ojos una vista privilegiada de lo que París contiene en tesoros hasta sus lugares más recónditos.

El recorrido empezó en el puente colgante de Los Inválidos (mañana lo cruzaremos para pasear por los Campos Elíseos), luego pasamos por el muelle de Orsay (desde este muelle nos embarcaremos para visitar Inglaterra), muelle Voltaire, donde murió el célebre filósofo, Puente de las Artes, que une el Louvre, Puente Nuevo y Pequeño Puente. En este último desembarcamos para visitar la Catedral Notre Dame. Pudimos admirar sus dos torres después de salir de una maraña de callejuelas y edificaciones que cubren su fachada. Nos han comentado que Napoleón III ha encargado remodelar este lugar derribando este barrio medieval para crear una inmensa explanada con una plaza.

En fin, no quiero aburrirlos con descripciones incompletas, ¡Se ven tantas obras hermosas que las palabras son mezquinas para describirla con justicia!

Más adelante volveré a escribirles con mis impresiones personales de esta capital. Por el momento solo puedo expresar que la Ciudad Luz me ha deslumbrado.

Isidora y Luis

Todos en Lota esperaban con ansias la llegada de correo desde Europa con las últimas noticias de la feliz pareja. El referente cultural y social que por más de tres siglos había sido España, ahora era cambiado por Francia, Bélgica e Inglaterra. En ellas Isidora descubría un mundo nuevo, alucinante en obras de arte, suntuosas edificaciones y progreso técnico y científico. Pero también generó en ella veladas críticas en lo social: "Cuando callejeando, penetramos por los Boulevard de la Calle Saint Denis, nos rodeó un mar de gentes en confusión, comprando y vendiendo. Una tienda de libros, otra de cordones, cintas y medias, una carnicería, una casa de huéspedes, un restaurante, una casa de baños, una pastelería, todo revuelto, como un laberinto, un estruendo, un París. ¡Qué cosa más opuesta a nuestra tranquila vida en Lota" comentaba en otra de sus cartas.

La pequeña colonia de chilenos en París recomendó a Luis que aprovechando la cantidad de excelentes pintores franceses disponibles, escogiera uno para que pintara un retrato de Isidora y uno de él mismo. Isidora aceptó complacida.

La elección recayó en Joseph Désiré Court, a la sazón de 58 años de edad, artista de gran fama en el retrato pictórico y protegido del rey Luis Felipe I, quien le había encargado una serie de imágenes oficiales.

Ya instalados en el atelier del famoso pintor se dio inicio a la obra.

—Maestro, ¿no cree que ha exagerado un poco la finura de mi talle?—preguntó Isidora cuando por fin les dejó contemplar su trabajo.

—Madame, es lo que se estila en París —fue la respuesta de Joseph Désiré sin abandonar el pincel y sin bajar la nariz.

—Está bien, pero de fondo quiero que pinte la cordillera de Los Andes y en el fondo del retrato de mi marido don Luis pinte la Bahía de Arauco. En mi mano derecha y en mi cabello quiero rosas rojas silvestres, mis favoritas.

—Ce bien, madame pero ¿Qué aspecto presentaría la dichosa cordillera?

Sin tomar en cuenta el requerimiento del sorprendido pintor, Isidora agregó:

—¡Ah! Y al Monsieur, a su derecha, le pintará copihues.

El anciano pintor contempló con grandes ojos como la pareja abandonaba dignamente el estudio. Continuó con su trabajo murmurando acerca del modo en complacer a sus clientes de allende los mares.

En su última carta, además de comunicar el regreso, Isidora escribe la mayor de las alegrías: estaba embarazada.

Fue tal la explosión de júbilo por la noticia que nadie advirtió la bandada de cuervos de negro plumaje sobrevolando alrededor del nuevo palacio de Lota.

Capítulo 13

1

En septiembre de 1855, los Cousiño Goyenechea vivían su segunda primavera en un año: una en Europa y otra en Lota. Las buenas noticias no paraban de llegar. Don Matías era elegido senador de la República y debía viajar con frecuencia a Santiago. Isidora experimentaba la "dulce espera" y su madre se ocupaba en adecuar habitaciones en el palacio para la llegada del nuevo miembro de la familia. Don Luis propuso el nombre Alfredo si era varón. Este nombre lo había escuchado con frecuencia durante su estadía en Alemania. Si era mujer el honor lo reclamaba Isidora.

Don Luis manejaba los negocios en Lota durante las ausencias de su padre. Las minas de carbón y las fábricas e ingenios se estaban transformando en un saco roto.

Un día abordó a su padre, quien se ocupaba de ultimar los preparativos para uno más de sus frecuentes viajes de negocios.

—Padre, ahora que vas a viajar a Valparaíso y Santiago quería comentarte una idea que se me ocurrió cuando visité los viñedos de Alsacia en mi camino hacia Frankfort. Esta región vinícola de Francia produce los más destacados blancos Riesling del mundo. La geografía de ésta región es semejante, en cuanto a temperatura, a nuestro valle central. Considera la idea de comprar tierras que sean adecuadas para producir vinos de calidad. Podría ser un buen negocio.

—¿Eh? Te aclaro Luis que no estamos en condiciones de entrar en nuevas inversiones. Espero que con nuestra fábrica de ladrillos refractarios para hornos de reverbero y chimeneas tengamos más éxito que con la extracción de carbón. No lo aceptan ni de regalo. ¿Recuerdas el envío de dos toneladas de carbón a Huasco el año pasado?

—Ne t'inquiète pas, papá. Cuando visité los viñedos también regalaban botellas de vino para degustación. Es parte del negocio. Si nos va mal en Lota, liquidamos todo y nos mudamos a la Quinta de Maipo y nos dedicamos a la agricultura. Aún los ingresos por las minas de Chañarcillo nos están salvando. Solo piensa que el año pasado logramos exportar ciento ochenta mil kilos de plata. Una cantidad que supera a todas las anteriores.

En marzo de 1856, estando don Matías por negocios en Santiago, escribió a su hijo a que se reuniera con él para consultarle por algunas inversiones que pensaba realizar. Le felicitaba también por el nacimiento de Alfredo y comprendía la dificultad de viajar en aquella situación, pero era urgente.

Isidora no recibió con mucho agrado la próxima ausencia de su marido. "Es importante" repetía Luis. En todo caso el embarazo y el parto habían sucedido sin contratiempos; tan bien que era la envidia de sus amigas. "Está hecha para la maternidad" expresó riendo la matrona. María de la Luz no cabía de gozo por la llegada del primer nieto.

—Estoy tan feliz, hija. Es un bebé precioso. ¡Qué emoción recordar la multitud que abarrotaba la iglesia Parroquial cuando lo bautizamos!

—Sí, fue hermoso.

—Yo tuve partos muy difíciles, Isidora. No pude tener más que dos hijos. Y con Matías...bueno, con Matías ha sido diferente. Además lo veo tan poco. A veces pienso que está casado con sus negocios.

—¡Mamá, que cosas dices! Papá te ama y se esfuerza por darnos comodidades.

—¿En este horrible lugar? Vivo con frio. A propósito ¿no encuentras que está un poco desabrigado el bebé?

Efímera fue la felicidad de disfrutar la presencia de Alfredo. A los meses de nacer, en un día soleado pero helado y ventoso, falleció. Los médicos nada pudieron hacer ante la peste del sarampión que se llevó la vida del pequeño. Don Luis debió volver tan pronto como le fue posible.

—Soy una madre sin bebé —gimió Isidora sollozando cuando vio su camisón manchado por la leche que manaba en abundancia de sus pechos—. Por favor, Luis, pronuncia su nombre. Así tendré la sensación de que aún está con nosotros.

Una oscura tristeza cayó sobre el palacio de los Cousiño Goyenechea. Todos lloraban, algunos en silencio. Isidora no podía distinguir entre el día y la noche. Caminaba por el jardín, cualquiera fuera el clima, con los brazos cruzados, gacha la cabeza y paso decidido; perdida en sus cavilaciones.

Ni siquiera las nuevas inversiones le producían entusiasmo. Recibía las noticias con indiferencia. Lo mismo le daba que su marido comprara el Taj Mahal. Escuchaba con apatía los comentarios y conversaciones entre don Matías y don Luis sobre los envíos de cargamentos de carbón gratis a los distintos puertos del Pacífico y la compra de buques para aumentar la flota de carboneros.

2

Los meses pasaban e Isidora aparentaba mostrarse muy interesada cuando su padrastro manifestaba que estaba contratando técnicos y operarios de Escocia para las faenas de extracción de carbón y pilotaje para la creciente flota de barcos. Su mente estaba en Copiapó. Ocultaba sus verdaderos sentimientos. Pasaba la mayor parte del tiempo en el salón de té con un pequeño grupo de amigas. Les exigía, eso sí, que fueran habilidosas jugadoras de cartas y ajedrez. Algunas tocaban el piano, otras cantaban; todas esforzándose por distraer a la anfitriona de su pena.

Pero Isidora era fuerte, su infancia en la pampa nortina había curtido su carácter y en concomitancia con su marido decidieron "trabajar" con ahínco por un nuevo bebé.

A finales de 1856 nació Luis Alberto.

El año siguiente se mostró más risueño. Al inicio, Isidora pudo apreciarlo cuando don Matías le comunicó a don Luis que había ordenado la construcción de casas para sus trabajadores. Estas formarían un barrio denominado Lota Alto. Consistirían en viviendas pareadas con chimenea y al lado fuera de la puerta de calle se construirían depósitos para guardar una cuota de carbón gratis para cocinar y calefacción. Serían pabellones donde los obreros podrían vivir con sus familias en un espacio pequeño pero con cierto grado de comodidad, por lo menos ese fue el comentario de don Matías a la hora de almuerzo.

Isidora ocultó su desagrado cuando supo que también se construirían espaciosas y hermosas casas al estilo europeo para los empleados en su mayoría ingleses. Pero no se calló frente a su esposo.

—Mira, Isidora, debes comprender que los mineros experimentados, conocedores de los métodos de trabajo más oportunos y siempre más inteligentes que los del país, han servido, no solo para aumentar la extracción del carbón, sino para enseñar la forma de trabajar.

—¿Me estás diciendo que los escoceses son más inteligentes que los criollos? —Isidora estaba furiosa.

—Excúsame. Me he expresado mal. No se trata de inteligencia. No digo que los empleados criollos no fuesen esforzados y quizá hasta más que los propios escoceses, pero resultan poco económicos porque despedazan el carbón, aumentando la proporción de carboncillo, que es pérdida.

—Esa impericia no es falta de inteligencia, sino que se debe a la inexperiencia de los campesinos enganchados en la zona —argumentó Isidora.

—Es lo que estoy diciendo, Isidora. Pero ¿qué tienes, por qué estás tan molesta, ma chére femme?—dijo don Luis abrazándola.

—No lo sé, amor. Tiemblo de pensar en esas pobres gentes, todo el día bajo tierra, expuestos al peligro de explosiones o inundaciones... ¿Por qué tienes que emplear a niños en las minas, Luis? ¿No deberían estar en la escuela aprendiendo o jugando como lo hacen los niños de los mayordomos?

—Es una ventaja para ellos. Les aleja del alcohol, los billares y el tabaco. Además aprenden tempranamente el oficio de minero. Se sienten orgullosos de ser tomados en cuenta y ganar dinero.

—Y esos pobres caballos —continuó Isidora que no escuchaba los argumentos de su esposo.

—¿Qué hay con ellos?

—El otro día debimos yo y unas amigas bajar al pueblo. Pasamos cerca del pique Centinela y estaban sacando a un viejo caballo que pasó cinco años bajo tierra tirando el tren de vagonetas cargados de carbón desde la mañana hasta la noche sin ver jamás la luz del sol. Estaba cojo y ciego y su piel presentaba una multitud de cicatrices. Escuché a alguien decir: "Pobre viejo, te echan porque ya no sirves. Lo mismo nos pasará a nosotros".

—Ven acá, tesoro. No pienses más. Dime: ¿Cómo está nuestro bebé Luis Alberto?

3

Además de las mejoras mencionadas respecto del bienestar limitado de sus trabajadores, don Matías contrató por intermedio de la casa Gibbs los servicios del inglés Mr. Williams Stephenson para que elaborara un estudio de los yacimientos de carbón. Deseaba saber la cuantía de las reservas del oro negro y hacia dónde se dirigía la veta. Después de la cena lo comentaría con su familia.

Pero esa noche, el empresario no quería hablar de negocios. Intentaba por un momento dejar de pensar en el inminente fracaso de su proyecto más preciado. En compañía de Isidora, Luis y María de la Luz, sentados todos frente a una taza de chocolate caliente en el salón de estar, trataba de no translucir su decepción por los magros resultados en las ventas de carbón. Se propuso charlar de cualquier tema, exceptuando los negocios. Afuera llovía torrencialmente y el refulgente calor del carbón en las chimeneas temperaba el ambiente.

Isidora captaba el ánimo de su padrastro. Había entre ellos una comunicación casi telepática, íntima y sutil. Bastaba una mirada de ella hacia él para comprender que se acercaba una época de adversidades. Las exportaciones de plata, le había comentado su marido, habían caído de ciento ochenta mil a ochenta mil kilos; menos de la mitad. Sin duda las minas argentíferas se estaban agotando. La rueda de la fortuna estaba cambiando para los Cousiño Goyenechea y también para los Gallo.

Isidora recordaba las advertencias de su tía Candelaria a su padrastro: "Te lo dije. Has invertido dinerales en casas, escuelas, iglesias y qué sé yo en cuanta cosa inoficiosa en Lota que no producen réditos. ¿Acaso tus peones ahora te van a ayudar a vender tu carbón?".

¡Cuánto hubiese deseado Isidora abrazar a su padrastro y decirle que no se preocupara, que todo iba a estar bien!

Luis seguía hablando en un monólogo fastidioso de sus proyectos. De improviso su parloteo fue bruscamente interrumpido cuando don Matías le preguntó:

—Dime, Luis ¿Cuál es tu mayor ambición?

—Ser un hombre de fortuna para realizar mis sueños —respondió el sorprendido dandi jugando con sus largos bigotes.

—Hijo, te engañas si te figuras en la fortuna una felicidad. Desde que a mí me han dado la fama de rico, no he hecho sino llenarme de las miserias de tantos desgraciados que, ciertas o falsas, dejan siempre en mi alma una impresión pesarosa.

—¿Por qué, padre? —Isidora arrugó el entrecejo.

—Porque todos los días, dondequiera que esté, recibo doce a quince cartas; una o dos pueden ser de negocios, pero las demás contienen las situaciones más sombrías de la desgracia. Alivio a los que puedo, pero sufro porque haya tanto dolor que no alcanzo a curar. Una fortuna particular es imposible que pueda bastar.

Estas palabras causaron una profunda impresión en Isidora. Recordó su última "charla" con Liquitaya y que prácticamente fue forzada a proferir una promesa. ¿Pero qué podía hacer ella?

—A mí me preocupan más aquellos amigos que día y noche asediaban nuestra casa y que consideraban un honor contar con nuestra amistad. Ahora se retiran poco a poco. Hay varios que no han vuelto a visitarnos —se quejó María del la Luz.

Isidora miró a su marido que parecía no ser consciente de la situación.

—¡Qué buena lección me han dado! ¡Cómo se dan a conocer! —dijo don Matías sin alterarse. Fue su única queja.

—Ne t'inquiéte pas. C'est la vie, papá —dijo Luis— pero volviendo al tema que te preocupa ¿Cuál es el balance de nuestras fuerzas monetarias? O dicho de otra manera ¿cuánto dinero tienes que seguir invirtiendo hasta ver resultados favorables?

—Con la salida de los hermanos Alemparte de la Compañía he quedado prácticamente solo frente al negocio en cuanto a aporte de capital. Tú sabes que la exportación de la plata y el cobre están fuertemente conectados al capitalismo inglés, no es el caso del carbón. Nuestra producción de carbón tiene nulas posibilidades de comercializarse en otros países.

—Entonces ¿a quién venderemos el carbón? —quiso saber Isidora.

—Bueno, la idea es satisfacer la demanda de los barcos a vapor que arriban a nuestras costas, las fundiciones de cobre y los ferrocarriles. Demanda insuficiente —comentó don Matías—. Además debemos competir con el carbón producido en Inglaterra.

Isidora sintió un frio en su espalda.

—Soy consciente de las dificultades que se nos avecinan, hijos míos. Todo lo ganado en el negocio molinero está invertido aquí en Lota. Luego de la corta euforia desatada por la demanda californiana, he debido trasladar mis capitales a la minería del carbón. Pero los ingresos no alcanzan a cubrir los costos.

—Papá, acuérdate de las manzanas mágicas. Ya diversificaste la producción. Están los ingenios de fundición de cobre, la fábrica de ladrillos refractarios y nuestra flota a vapor que consume nuestro carbón.

—Mon Dieu, Isidora, primera vez que te escucho decir "nuestro" —se burló Luis.

—Nuestro carbón —repitió Isidora molesta con su marido— ha demostrado ser tan bueno como el inglés. ¿Por qué no se lo ofreces a la Armada?

—Lo hice, pero dijeron que no resultaba tan efectivo como el carbón inglés.

Requerirá tiempo demostrar lo contrario —dijo Luis encendiendo un cigarrillo.

—¿Puedo dar mi opinión?

Isidora se paseaba por el living con los brazos cruzados mirando el suelo.

—Por favor, hija, adelante.

—Ahora que los hermanos Alemparte vendieron sus derechos a Cousiño y Garland, me pregunto: si tú pones el capital y el trabajo, ¿qué pone el señor Garland?

—No quiero ser injusto con Tomas. Él ha realizado importantes gestiones para esta carbonífera. Consiguió préstamos de las casa comerciales de Valparaíso.

—También gestionó la contratación de mineros escoceses que iban en tránsito a la isla de Vancouver en la América del Norte, pero ¿qué estás insinuando, Isidora? —agregó Luis.

—Papá, te propongo que organices una sociedad con Luis y le compres todos los derechos a Tomás Bland Garland. De modo que toda la propiedad de la compañía quede en manos de la familia.

—No es mala idea, mon chéri —dijo Luis lanzando una gran bocanada de humo perfumando el aire con su tabaco.

—¿Está dispuesto a trabajar duro, Luis?

—¡Papá! Recuerda que fui yo quien te trajo directamente de Inglaterra toda la información de cómo debe funcionar una mina de carbón. Me gusta la idea. Nuestra sociedad se denominará: Cousiño e hijo. Se escucha trés respectable.

—También estoy de acuerdo. Pero, por desgracia, tengo otra mala noticia que darle hijos míos. Tengo información sobre el señor Juan Mackay. Ha formado sociedad con nuestro conocido Matías Rioseco para explotar minas de carbón en las proximidades del río Lebu. Los terrenos para la explotación los arrendó y otros se los compró a los indígenas a bajo precio. Así, solo de palabra, sin contratos. Y lo que es peor: consiguió apoyo financiero de los fundidores del norte, es decir de Tomás Urmeneta y Maximiliano Errázuriz. Yo sé que detrás de ellos están los capitales ingleses. Si no conseguimos colocar nuestra producción de carbón, estaremos arruinados.

4

Si bien don Matías y su familia vivían sumidos en su mundo, trabajando con constancia en impulsar el proyecto carbonífero y cuyos resultados les eran esquivos, estaban muy al tanto de lo que acontecía en el resto del país y el mundo. Don Luis defendía con ardor al creciente partido liberal, opositor al presidente de la República, el conservador don Manuel Montt y el señor Cousiño favorecía con sus comentarios al partido conservador o "pelucones", como se les conocía al antiguo partido de gobierno.

Isidora, embarazada nuevamente, tendía a favorecer a los liberales, teniendo en mente a sus parientes en Copiapó. Le preocupaba la formación en aquella ciudad de un reducto revolucionario liderado por su primo Pedro León Gallo. Estaban frescos aún los recuerdos del motín de 1851 y las vidas que costó tal estallido político- social.

No obstante, llegaron buenas noticias que levantaron el alicaído ánimo en el palacio de Lota. A la hora de almuerzo, como siempre con muchos invitados, Isidora sentada entre su padrastro y su marido, se inclinó hacia don Matías y le susurró:

—Creo que debería anunciarlo ahora.

En público no se atrevía a tutearlo; en privado sí.

Don Matías se puso de pié y golpeando suavemente una cuchara contra su copa de cristal llamó la atención de la veintena de comensales que charlaban entre sí.

—Mi querida esposa, hijos y amigos que nos acompañan. Tengo dos buenas nuevas que compartir con ustedes.

Todos guardaron silencio.

—Esta mañana he recibido un telegrama desde New Castle, Inglaterra.

El empresario continuó informando sobre el hecho que en este puerto se había botado al océano un moderno buque encargado por la Compañía de Carbón para las labores de transporte. Se trataba de un vapor de hierro de 64 metros de eslora y una velocidad de nueve nudos. Ya había iniciado la navegación con rumbo a las minas del sur del mundo. Se trataba del primer carbonero nacional, único en su tipo. El arribo a Lota se esperaba para las próximas semanas.

—Debemos preparar una recepción monumental —dijo María de la Luz aplaudiendo.

—Propongo que bauticemos al nuevo barco con el nombre de nuestro padre —propuso Isidora en voz alta.

—Iba a proponer lo mismo —dijo don Luis y se levantó de su asiento para abrazar a su padre.

—Esperen, me falta la segunda buena noticia: Para aumentar el consumo de nuestro carbón y adelanto del pueblo de Lota, en los próximos días entrará en funcionamiento dos hornos de reverbero. La idea es que nuestros barcos salgan cargados con carbón y regresen con mineral de cobre para fundirlo y exportarlo en barras.

Isidora estaba acostumbrada a que a las horas de las comidas y en las tertulias se conversara de todo: política, negocios y temas familiares. Sin embargo nadie mencionaba las condiciones laborales de los mineros al interior de los piques. No tardaría en aparecer entre los mismos trabajadores quienes hablarían de ello. Años más tarde, un 6 de enero de 1867 nacería en Lota uno que denunciaría por medio de la pluma dichas inhumanas condiciones: el escritor Baldomero Lillo.

5

El año de 1859 llegó acompañado con el nacimiento del segundo hijo de los Cousiño Goyenechea: Carlos Alberto. Su nacimiento colmó de alegría a la familia. Isidora sentía alivio al pensar que los dichos de Liquitaya parecían quedar en el pasado. Vana esperanza. Ignoraba lo que se estaba gestando en Copiapó desde algunos años atrás y que significaría un duro revés para los Gallo Goyenechea.

184

Desde el año de 1851, el país había estado gobernado por el conservador Manuel Montt, quien se caracterizó por presidir con mano firme y perseguir a los opositores políticos. El gobierno conservador era resistido por varios sectores, principalmente liberales.

Por otro lado, con el auge de la minería del cobre y la plata el Copiapó de los Gallo adquirió importancia como zona productiva, lo que provocaba rivalidades con las provincias agrícolas del sur del país. Nacieron entonces movimientos independentistas liderados por el primo de Isidora. Pedro León Gallo criticaba al gobierno central pregonando a los cuatro vientos que gran cantidad de los dineros aportados por la provincia habían servido para embellecer y mejorar las ciudades de Valparaíso y Santiago en detrimento de los intereses de Copiapó.

"Mis hijos demandan una mayor autonomía provincial" había comentado en sus cartas doña Candelaria explicando sus ambiciones políticas. Agregaba que su hijo Pedro León organizaba una junta política en Copiapó en contra del presidente Montt. La situación era un volcán a punto de estallar.

El hecho que determinó el estallido de la revolución fue la presentación de la candidatura de Antonio Varas, ministro de Montt, a la presidencia de la República sin considerar la oposición que levantaba tal propuesta desde los sectores más conservadores a los más liberales.

"Para los liberales, Varas es el principal articulador de la represión política" comentó don Matías y agregó "su triunfo supone para los nortinos un gobierno más autoritario que el que tenemos en este momento".

En Copiapó empezó a formarse un grupo político armado denominado Los Constituyentes. Se pasó entonces de las palabras a la acción revolucionaria. Se adueñaron del cuartel de policía local con solo veinte hombres; sin lucha, pasando a dominar toda la ciudad de Copiapó. Una asamblea de ciudadanos nombró a Pedro León Gallo Intendente Revolucionario. El grupo derivó más tarde en un ejército para enfrentar al gobierno.

Varios grupos radicales y liberales planificaron un golpe de estado con el objetivo de sacar a Montt del poder e instaurar una nueva institucionalidad. Entre estos grupos de golpistas figuraban los Matta, los Errázuriz, los Gallo y el regidor de Copiapó a la cabeza, Pedro León Gallo.

Ante esta situación, el gobierno declaró el Estado de Sitio en toda la República.

En pleno verano de 1859 llegaron a los oídos de Isidora las noticias del alzamiento en Copiapó, San Felipe y Concepción. Con el correr de los días se fue extendiendo a Talca y Chillán. El Estado central reaccionó de inmediato sofocando por las armas tales conatos revolucionarios.

Pedro León Gallo, aprovechando lo alejado que estaba geográficamente de la capital se adueñó de Copiapó y del puerto de Caldera. Gracias a las armas que compraron y que les arrebataron a la policía y guarniciones locales formaron un ejército de unos 5000 reclutas. Pero las armas solo alcanzaban para entrenar a unos 1200 hombres.

Con esta fuerza, Pedro León marchó al sur, enfrentó y derrotó a las fuerzas gobiernistas en la batalla de Los Loros. Embriagado por el éxito, el caudillo nortino ocupó la ciudad de La Serena e inició campañas sobre Ovalle e Illapel.

Isidora, nortina de corazón aplaudía los triunfos militares de su primo.

Pocos meses, empero, duró la alegría. Un poderoso ejército gobiernista de 3000 hombres bien armados zarpó desde Valparaíso en cinco barcos a presentar batalla a los insurgentes. Por su parte, el caudillo reunió 1800 soldados perfectamente armados gracias a los refuerzos llegados desde Copiapó. A este contingente le seguía una reserva sin armas de fuego de otros 1200 hombre. Los esfuerzos para conseguir armas en Bolivia y Perú se frustraron.

Los rebeldes fueron derrotados en la batalla de Cerro Grande. Ante el desastre bélico Pedro León huyó herido hacia Argentina a un exilio del que no volvió hasta la amnistía de 1863. Años después, en 1877 fallecería a causa de las heridas recibidas en batalla. No dejó descendencia.

Cuatro meses se sostuvo la activa revolución en las provincias del norte. La aventura de los Gallo costó la vida de 5.000 connacionales.

A partir de la fracasada y sangrienta sublevación, doña Candelaria no volvió a ser la misma. Sus cartas escasearon y a penas se tenían noticias de sus obras caritativas a los pobres y a aquellos que había perdido a un familiar en las batallas.

Lo ocurrido durante el otoño de 1859 dejó a Isidora sumida en una gran confusión. Sus primos se empeñaron en hacerle creer que la rebelión tenía por objetivo reformar la Constitución, dar libertad de culto, corregir el excesivo centralismo y mejorar la condición del pueblo. Pero ella notaba cómo sus parientes utilizaron su poder económico para destacar su opulencia construyendo caras viviendas, trayendo adelantos técnicos a Copiapó tales como el telégrafo y el ferrocarril. Facilitaron mucho dinero a las instituciones como la municipalidad, la iglesia, etcétera y potenciaron el goce cultural con la contratación de obras europeas que se presentaron en el teatro que ellos mismos construyeron junto a otros vecinos ilustres de la ciudad, pero para mejorar la condición del pobre no hicieron nada.

Se preguntaba si lo mismo ocurriría en su familia. La anciana indígena le dijo con claridad que de ella iba a depender. Pero ¿qué podría hacer ella al respecto? Cuando proponía una buena idea para mejorar los negocios la aplaudían, aunque después de cara a sus empleados dijeran que se les había ocurrido a ellos. Entonces las felicitaciones eran para su padrastro y su esposo por los avances y a ella la ocultaban en la sombra. Cuando proponía mejorar las viviendas de los trabajadores, le respondían que no había presupuesto.

Así las cosas solo cabía esperar el siguiente golpe de Liquitaya.

6

El buque carbonero Matías Cousiño abandonó el puerto de Lota navegando majestuoso, coronado por un largo penacho de humo. La familia, empleados y algunos mineros batían pañuelos al aire despidiendo a don Matías. Viajaba a Inglaterra a imponerse de los adelantos de la industria carbonífera de ese país.

La felicidad para Isidora no pudo ser más completa ese año al recibir la confirmación del embarazo de su tercer hijo, Luis Arturo. Al poco tiempo de su nacimiento volvió a quedar en cinta. Esta vez fue una mujercita, a la que bautizaron con el nombre de su abuela.

Meses después regresaba don Matías ahíto de conocimientos y experiencia para aplicarlos en La Compañía Carbonífera de Lota.

Los años de trabajo duro empezaron a rendir sus frutos. La Compañía principió a exhibir ganancias y para colmo de la dicha recibieron la noticia que el primo Pedro león sería indultado y podría regresar a la patria. Las buenas noticias se celebraron con un picnic familiar en la parte más alta de un cerro en Lota, no lejos del palacio familiar.

Para Isidora, la promesa estaba quedando rezagada en su memoria. Pronto, la realidad se la recordaría.

Capítulo 14

1

El primero de septiembre de 1859, Isidora observó en el cielo un extraño fenómeno después de ponerse la luna, a eso de la medianoche.

A la mañana siguiente, al desayuno, lo comentó con su marido.

—Anoche me quedé despierta hasta la una y media de la madrugada cuando vi hacia la parte sur una extraordinaria luz coloreada de rosado, azul y amarillo, en forma de nube o globo de fuego fatuo que despedía llamas o vapor en movimiento ondulante y esparcía una claridad semejante a la de la luna. Duró como tres horas. Me acordé haber leído la descripción que hacen los habitantes del hemisferio norte de la aurora boreal. Pero nosotros vivimos en el hemisferio sur y no ocurren tales fenómenos.

—¿Y?—dijo don Luis llevándose la taza de café a la boca.

—Luego, la paz de la noche reinó en un silencio profundo, mientras la luminosidad se elevaba sobre el horizonte. El cielo estaba despejado y sereno. No corría la menor ráfaga de viento. El juego de colores en el cielo duró hasta la madrugada. ¿No te parece extraño? ¿Piensas que el cielo quiere revelarnos algo?

—¡Ay, no! Isidora, ya vas a empezar con eso de la maldición de la bruja de Copiapó.

Frustrada por la reacción de su esposo. Isidora prefirió guardar silencio. Pero fue imposible eliminar de su mente que aquella aurora austral, fenómeno rarísimo por estas latitudes, era un mensaje infausto.

2

Los cielos sobre la bahía de Valparaíso amanecieron totalmente despejados el 21 de marzo de 1863, sin embargo para cuando arribó el barco Matías Cousiño procedente de Coquimbo, una vaguada costera cubrió el puerto entero. Como dictaba la tradición, los buques surtos hacían sonar sus campanas advirtiendo su presencia y evitar que algún bote de menor tamaño, debido al espesor de la bruma, no les viera. En ese barco viajaba don Matías Cousiño. Venía gravemente enfermo. Deseaba llegar pronto a su querida hacienda Quinta en Buin, al sur de Santiago. Allí le esperaba su amigo el doctor Lorenzo Sazié y su familia. El empresario, presintiendo su fin, les había telegrafiado con anticipación.

Comprendió que el estado de su salud no le permitiría viajar en diligencia hasta Santiago. Por esta razón también había telegrafiado al ingeniero jefe de la obra de la construcción del ferrocarril Valparaíso-Santiago para que obviara algunas dificultades técnicas y pudiera efectuar el viaje en ferrocarril, no estando éste concluido del todo. Había cooperado con el financiamiento del tendido de la línea mediante cuantiosos aportes de capital.

Un agotado Matías abrazó a su esposa y a sus tres hijos al llegar a la capital.

—He venido por la línea de Valparaíso y doy gracias a Dios porque no moriré sin que vea realizada esta obra a que está unida el porvenir del país —dijo mirando a todos con gran afecto.

—¡Qué cosas dices, papá! Verás como recuperas tu salud en la Quinta —dijo Isidora con ojos llorosos.

—Padre mío, haz salido triunfante de cosas peores que ésta —dijo don Luis pálido como la cera.

María de la Luz no se soltaba de su brazo como queriendo arrebatarlo de las garras de la muerte.

Solo un día permanecieron en Santiago. A continuación se trasladaron a la hacienda. Poco pudo hacer el sabio médico ante los espasmos del infarto cardíaco que sufrió esa noche el legendario empresario. A las cuatro de la mañana de un 27 de marzo dejó de existir don Matías Cousiño ante el desconsuelo de todos.

Numerosos campesinos y el pueblo entero de Buin acompañaron sus restos hasta la estación, de donde se le condujo en un tren especial a Santiago. Se le hicieron honras solemnes en la Recoleta Franciscana. A sus funerales asistieron autoridades, una comisión del Senado de la República, del cual era miembro, representante de diferentes corporaciones y una inmensa multitud de personas de todas las clases sociales.

A pesar de los esfuerzos y las considerables inversiones realizadas por don Matías en Lota, el carbón no trajo las ganancias que el empresario esperaba. Las minas de carbón empezaron a mostrar fruto en la época cuando le grand chevalier don Luis y la señora Cousiño se hicieron cargo de la gestión de las empresas.

A su muerte y después de diez años de extraer carbón, escasamente se habían alcanzado las sesenta toneladas al día y los obreros, en su mayoría sacados de las labores agrícolas, no llegaban a unos cien ocupados. En 1863, la producción había aumentado a doscientas toneladas por día con un número de obreros de alrededor de seiscientos ocupados en la minas y otros tantos en los trabajos de la maestranza, fundición, fábrica de ladrillos y otras. Había llegado a ser un complejo fabril solo comparable a los de Inglaterra.

En los inicios, en Lota no existía población alguna regularmente formada. Solo algunos ranchos por aquí y por allá. Para 1863 la situación había cambiado por completo.

El fruto de la inversión estaba allí: instalaciones industriales de variadas clases se levantaban por doquier. Una considerable población ya estaba asentada en Lota Alto. Las habitaciones para los trabajadores y sus familias formaban un pueblo de más de cinco mil almas. Todas la casitas eran de madera, sin embargo tenían chimeneas de ladrillos y cada familia recibía en forma gratuita una ración de carbón para uso doméstico. Existía además un hospital atendido por un médico residente cerca de la población y una iglesia católica acogía a los feligreses los domingos para la misa. Estos le oraban a un gran Cristo de bronce brillante, del cual muchos creían que la imagen era de oro. La gran cantidad de trabajadores extranjeros, donde dominaban los ingleses, escoceses y alemanes, disponían de un local de culto protestante a cargo de un pastor que viajaba de Concepción a Lota una vez por semana.

3

Para la familia, el fallecimiento de don Matías lo cambió todo. María de la Luz pareció envejecer de un día para otro. Enviudaba por segunda vez. Permanecía encerrada en su dormitorio días enteros. La servidumbre debía dejarle las comidas en una bandeja al lado fuera de la puerta de su habitación. Don Luis se hundió en una profunda pena. Nadie se esperaba una partida tan repentina del patrón.

Después del regreso de la familia a Lota, se cancelaron las tertulias y durante los almuerzos reinaba un silencio sepulcral. Solo a la hora del té en el salón el matrimonio intercambiaba algunas palabras.

—Me siento tan infeliz, Isidora que desearía estar muerto. Solo en brazos de la muerte podré sentir alivio a este dolor que aumenta conforme pasan los días.

—Debes ser fuerte, Luis —era todo lo que se le ocurría decir a Isidora a guisa de consuelo.

Quizá era ella la que tenía más motivos para sufrir la pérdida de su padrastro. Él fue para la joven más que un padre sustituto; fue un consejero, un amigo y un guía en su vida. Isidora le debía todo: su hogar, su esposo y por años fue el sostén para su madre y su hermano Emeterio, radicado en Santiago.

Sin embargo se aguantaba de exteriorizar su dolor ¿de qué servía en ese momento todo el dinero generado por los negocios? Por las noches se aislaba en alguna habitación y lloraba a solas, mordiéndose los puños para ahogar los gritos que con gusto hubiera dejado escapar.

Como una ola gigantesca que explota contra las rocas, se agolparon los fatales recuerdos en su mente: su padre don Ramón, don Miguel, su hijo Alfredo, la derrota de su primo en el norte y ahora él, su amado padrastro.

—¿No cesará nunca tu venganza, Liquitaya? —gritó al vacío sin poder contener su ira— ¿Por qué él? Precisamente él. Mi amigo, mi apoyo y mi consejero.

Levantó el puño al cielo llena de dolor.

—¿Acaso no socorrió a los pobres? Hizo surgir un pueblo de la nada. Puso su fortuna en peligro para traer el progreso necesario que beneficiará a todo el país. ¿Dónde está su pecado? ¿A quién defraudó? ¡Dime, bruja del norte!

Cayó de rodillas como partida por un rayo.

Las enardecidas exclamaciones inundaron el palacio. Don Luis, alarmado corrió al dormitorio de Isidora, solo para comprobar que ella no estaba allí. Agudizó el oído y determinó de donde provenían los gritos, ya tornados en lamentos.

—¡Mon Dieu! ¿Qué tienes, amor? ¿Por qué gritas? ¿Con quién hablabas?

Isidora se levantó lentamente, se enjugó las lágrimas y salió del recinto. Don Luis alcanzó a escucharla decir: "Ya verás, maldita, tú". En vano se esforzó el sorprendido marido por vencer el taimado mutismo de su esposa. La abrazó y se fueron ambos a continuar el sueño interrumpido. Una expresión resentida dominaba el bello rostro de su amada.

A la mañana siguiente, todo estaba ya en calma. Los pequeños Luis Alberto, Carlos Alberto y Luis Arturo estaban sentados y eran atendidos por la institutrices. El matrimonio Cousiño desayunaba en silencio hasta que éste fue roto por Isidora.

—Luis, tía Candelaria escribió hace poco uniéndose a nuestro duelo. Preguntó cuándo viajarías a Copiapó. Los negocios no se detienen, mon chéri. Debes sobreponerte y sería bueno que siguieras los consejos de mi tía y retomaras el control de las minas de plata. Mira que al ojo del amo engorda el caballo.

—Está bien, ma chère. La próxima semana partiré.

—Además no olvides de controlar a los recaudadores de los arriendos de nuestras propiedades.

—Te repito, Isidora, la semana entrante me tendrás en camino. No te preocupes.

—Ah, y al regresar, pasa por Valparaíso. Hay varios préstamos que se les acerca fecha de vencimiento. No hay mejor inversión que pagar las deudas.

—¡Esos usureros ingleses! —dijo su marido dejando la taza de café a un lado y encendió un abano.

—Quiero que viajes tranquilo —ignoró el comentario
—. Yo me encargaré de la Compañía en tu ausencia. Debes
informar esto a todos.

—Ne t'inquiète pas.

—Lo primero que haré será citar al administrador
general. Quiero imponerme de algunos asuntos que me
preocupan. ¿Crees que el hecho de que los mantos de
carbón se hundan en el mar represente peligro para
nuestros piques y trabajadores?

—Es una inquietud válida la tuya. A propósito
¿recuerdas el jardín donde la últimas vez hicimos el
picnic?

—¡Cómo olvidarlo!

—He estado pensando transformarlo en un parque.

El rostro de Isidora esbozó algo parecido a una sonrisa.

—¿Por qué no? ¿Qué tienes en mente?

—En mi estadía en Inglaterra conocí a un paisajista
británico de nombre Bariet, quien diseña sus jardines
según un estilo francés. Intentaré ponerme en contacto.

Isidora se quedó pensando un momento y haciendo un
gesto taimado con su boca habló con decisión:

—Sí, hazlo. Quiero el parque más lujoso de Chile. Y no
te fijes en gastos.

—C'est bien, ma chérie.

Don Luis se levantó de su asiento y se dirigió a supervisar los embarques de carbón en el muelle. Al salir del comedor agregó:

—Es una buena idea que hables con el administrador. Yo, a ese señor no le entiendo nada. Me marea con sus términos técnicos: Cabrias, botadores, rieles tendidos. ¡Mon Dieu! Le comprendería mejor si me hablara en francés.

—¡Ah! casi lo olvido. Los médicos me examinaron ayer.

—¿Y?

—Estoy embarazada.

—Enhorabuena, querida. ¡Qué felicidad! Si es varón, le pondremos Matías.

—Si es mujer, entonces la llamaremos Adriana —opuso Isidora.

En 1864 nació Adriana. Con el tiempo descubrieron que la pequeña mostraba desequilibrios mentales por lo que en el pueblo cruelmente la apodaron "la loca Cousiño".

4

A la hora del té, ambos se estudiaban con la mirada. Isidora instalada en el escritorio que anteriormente ocupara don Matías, sonreía, aparentando dulzura, al administrador. Éste permanecía parado con su sombrero en mano, indeciso si permanecer parado o sentarse.

—En ausencia de mi esposo quisiera imponerme de algunos detalles sobre el funcionamiento de la Compañía. Por supuesto, tome asiento ¿desea tomar una taza de té?

—dijo señalando dos sitiales bellamente tallados con incrustaciones de oro. Quedaron ambos sentados frente a frente a una distancia de unos dos metros.

—Usted dirá, señora Cousiño —dijo el asorochado administrador intentando aflojarse el nudo del pañuelo que le rodeaba su cuello—. Con gusto acepto la taza de té.

Isidora efectuó una discreta señal a la sirvienta para que sirviera. Tanto la tetera como las tazas eran de porcelana francesa.

—Me he enterado de accidentes que han ocurrido en piques de otras compañías. Al parecer hay peligros que siempre amenazan a las minas de carbón. Quisiera que usted me señalara qué peligros son esos y las precauciones y providencias que en estos casos u otros cualesquiera conviene tomar.

—Por lo general, las minas de carbón están sujetas a diversas contrariedades y vicisitudes, de cuyas circunstancias no dependen casi nunca las otras clases de minerales, ya sea por su formación geológica y diversidad de rocas o por otro accidente cualquiera.

—Continúe, por favor, sé de qué está hablando. Conozco personalmente las minas de plata y cobre.

—Efectivamente, las minas de carbón están siempre expuestas a las repentinas inundaciones del mar, a los incendios, asfixia y explosiones del gas carbónico. Inconvenientes y peligros que no aparecen nunca en la minería de la plata o del cobre.

El hombre pausó para sacar un pañuelo con el cual se enjugó las perlas de sudor de su frente.

—Entiendo. Continúe, le escucho. No se detenga.

—Ahora bien, es evidente entonces, por las razones que a la ligera he mencionado, que el laboreo y explotación de las minas de carbón requieren mucho más tino y acierto en su dirección en general, más uniformidad y acentuación en sus trabajos interiores, una exactitud matemática en la formación y demarcación de pilares, una ciencia en una palabra.

—Las precauciones, en concreto —interrumpió Isidora impaciente.

—Sí, por cierto. De aquí que nace la necesidad de dotar a cada ingenio carbonífero de uno o más ingenieros dedicados exclusivamente a dirigir los laboreos y levantar los planos de estos mismo.

—Gracias. Le transmitiré a mi esposo sus valiosos comentarios y le informaré además que le he pedido que usted se ocupe de lo que me ha propuesto —dijo Isidora levantándose de su asiento y dando por finalizada la reunión.

—Que tenga una buena tarde, señora Cousiño.

El administrador se estaba despidiendo con una leve inclinación de cabeza cuando Isidora recordó algo importante que debía saber.

—Lo olvidaba. Buena parte del próximo año estaremos con mi esposo ausentes de Lota. Viajaremos a Francia. Es hora de dar atención a nuestra viña de Macul en Santiago.

Isidora se refería a las catorce hectáreas que su esposo había comprado en 1869. La chacra o fundo Macul había salido a remate por deudas de los herederos de don Emeterio Aristía y don Luis vio una buena oportunidad para realizar sus sueños. Algún tiempo atrás había llegado un telegrama desde la viña de Macul en Santiago: el viñedo había sido destruido producto del ataque del insecto filoxera.

Capítulo 15

1

Empeñados en cumplir el que también era el sueño del fallecido empresario: el de producir vinos de calidad, don Luis y su señora viajaron a Europa para importar las primeras cepas.

Volvieron para Isidora los días felices. Se podría considerar incluso que disfrutó de las incomodidades que suponía tan largo viaje. Una vez instalados en la capital del viejo mundo volvió a ser la mujer de motivaciones. Gozaba de una existencia plácida, un bienestar tranquilo, exento de penas y complicaciones. Tenía planes para la viña y para el palacio en Lota.

—¡París, París! —exclamaba girando sobre sí misma con los brazos levantados llamando la atención de los transeúntes en la avenida Campos Elíseos, incapaces de comprender la euforia de Isidora. Era la joie de vivre.

—Te tengo una sorpresa, ma chère —dijo Luis—, tengo dos invitaciones para visitar el Château de Versailles ¿qué opinas?

—Oh, Luis. Muero de ganas por conocerlo. Solo lo he podido apreciar en láminas de libros. ¿Qué día será? A penas puedo esperar.

Los amantes de Lota recorrieron los tres palacios: Versalles, el Gran Trianón y el pequeño Trianón, además de varios edificios situados en la villa: las caballerizas, el hotel de los pequeños placeres, sala de juegos y el Gran Común, entre otros. No fue una visita de un día. Necesitaron una semana para recorrer y admirar lo que ofrecía el complejo de palacios de cincuenta mil metros cuadrados y sus ochocientas hectáreas de parques, trescientas de bosques y dos jardines a la francesa. No fue un tour completo, por cierto. Mil y un detalles quedaron por apreciar. Isidora se prometió volver.

—Luis, yo quiero que me construyas algo así en Lota.

—Pero, mi tesoro, no tendríamos ni el dinero ni la extensión de terreno necesario para algo de ésta magnificencia.

—No quiero decir algo exactamente así, pero por lo menos un palacio que refleje nuestra opulencia.

—¿Qué? Estoy escuchando a la tía Candelaria —se burló Luis.

—Pero es que el palacio que construimos en Lota es, en comparación, muy tosco.

—Déjame pensar. Lo más adecuado sería levantar uno en Santiago.

—Podría ser, pero insisto, quiero uno en Lota.

—Ah, mi querida Isidora. Tú y yo lograremos cosas de las cuales nuestros hijos y los hijos de sus hijos se sentirán orgullosos. ¿Qué pasa, ma chère? Te pusiste muy seria de repente. ¿Dije algo que te molestó?

—No, querido. Es solo que este viento fresco parisino de abril me ha causado escalofríos.

2

Don Luis decidió entonces que era el momento de ocuparse de lo que los llevó a Francia. Viajarían a la región de Borgoña.

Después de la revolución francesa, los viñedos estaban en quiebra en esta región de Francia y se habían traspasado en venta a los trabajadores que los habían cuidado. Esto condujo a una profusión de pequeñas bodegas de propiedad familiar. Por recomendaciones del señor Subercaseaux, los Cousiño fueron recibidos con grandes muestras de afecto por la familia Gross.

Durante la cena de recepción, el dueño de casa, un señor corpulento de largos mostachos colorines y mejillas sonrosadas, les preguntó:

—¿Ya probaron los vinos?

—No, aún no —respondió la pareja entre risas.

—Este es nuestro Vino del amor hecho con uvas borgoña —dijo mientras servía—. Pruébenlo, por favor.

—¿Y por qué vino del amor? —quiso saber Isidora.

—Bueno, porque no hay mujer que se resista ni hombre que se detenga.

Todos los presentes levantaron sus copas en medio de risas y comentarios.

No hubo inconvenientes que don Luis encargara para su viña variedades de Chardonnay y Pinot Noir de esa región.

Al sur de Burdeos se extienden las viñas de Graves, al lado oeste del rio Garonnes. En Graves se producía el mejor vino blanco de Francia y también algunos tintos.

La pareja viajó a continuación por esa región, a un pueblito llamado Martillac de donde encargaron variedades de vino Sauvignon.

Finalizaron meses después, en la región francesa de Aquitania, en el cantón de Pauillac, de donde trajeron para su viña en Macul las variedades de Cabernet Sauvignon y Merlot.

Recorrieron muchos palacios debido a que los vinos se producían en viñas coronadas por impresionantes castillos donde en su mayoría se recibía con gusto a los visitantes.

3

De regreso al hotel en París, los planes eran permanecer unos meses más aprovechando el verano europeo, pero un telegrama de Emeterio dirigido a don Luis obligó a un cambio de planes.

—Isidora, he recibido telegrama de tu hermano. Debemos volver enseguida a Lota.

—¿Por qué la urgencia? —preguntó mientras contemplaba arrobada el Arco de Triunfo desde el balcón de la suite del hotel.

—Ah, ma petite, te veo tan feliz que no quisiera darte detalles.

—Dime de qué se trata. Ya no temo las malas noticias.

—Se ha declarado estado de guerra entre Chile y España.

—¿Guerra con España? ¿Cómo es posible?

—Ya averiguaremos las causas, querida. Por lo pronto responderé a Emeterio. Me solicita, en nombre de la nación, que enviemos órdenes a nuestro establecimiento carbonífero para que se nieguen a bastecer de carbón a la Armada Española.

—¿Crees que esta acción hostil traiga consecuencias a nuestra ciudad de Lota?

—Eso está por verse. En todo caso emprenderemos el regreso de inmediato.

Pero sí hubo consecuencia. España ofendida inició acciones de guerra en contra de Chile. En octubre de 1865 fue capturado el carbonero Matías Cousiño por el buque de guerra español Berenguela. El capitán del barco lotino, el escocés Alejandro Stracker poco pudo hacer frente a la poderosa Armada. El barco fue apresado cuando se desplazaba por la costa de Lota Alto transportando barras de cobre con dirección hacia Valparaíso. Bajo el mando español, al Matías Cousiño se le instaló un cañón y lo utilizaron para bloquear Coquimbo e incendiar algunas naves chilenas menores.

Poco después, el Paquete del Maule también fue apresado por la fragata española Blanca cuando el carbonero abandonaba Lota con rumbo a la boca chica del Golfo de Arauco. Su capitán, don Nicolás Moller fue tomado prisionero y enviado a España.

—A este paso nos quedaremos sin barcos —se quejaba Isidora ya de regreso en Lota.

—Aún tenemos el Antonio Varas y dos veleros, querida. Haré instalar cañones en la costa para defender la bahía—. Era todo lo que podía intentar don Luis en ese momento.

A principios de 1866, el temor se apoderó de los Cousiño Goyenechea cuando se conocieron los planes de la Armada española: la de bombardear puertos chilenos. Era una guerra muy desigual en cuanto a buques. La escuadra española estaba formada por cuatro fragatas de entre treinta y cuarenta cañones cada una y dos goletas de cuatro cañones. La escuadra chilena a penas disponía de una corbeta de dieciocho cañones: la Esmeralda y un vapor de cuatro cañones.

Isidora temblaba de pavor de solo imaginar su ciudad envuelta en llamas bajo un despiadado bombardeo español. Las instrucciones de don Luis a viva voz recorrió todos los recodos de Lota: "Cuando divisemos los buques españoles debemos huir a las partes más altas".

—Opino que lo más lógico sería que ellos se concentrarán en bombardear los piques y los complejos industriales. ¿No crees, Luis? —comentaba Isidora tratando de mantener la calma y tranquilizar a su cada vez más aterrorizado marido.

En marzo de 1866, el alto mando español decidió asentar un golpe breve, cobarde pero preciso; el gobierno y el pueblo chileno nunca más osarían ofender a España. El puerto de Valparaíso, sin capacidad de defensa, sería bombardeado durante horas, de modo de restaurar el honor mancillado. Y así ocurrió el día 31 de ese mes, con el barco Matías Cousiño formando parte de la escuadra española.

La noticia fue recibida poco después en Lota. Isidora tenía sentimientos encontrados al respecto. Por un lado lamentaba las pérdidas que debían haber sufrido los habitantes de ese puerto pero por otro lado respiraba aliviada porque ninguna de sus propiedades sufrió daños. "El hecho de que Lota se hubiera salvado y nuestras posiciones estén intactas, es señal de que estamos haciendo las cosa bien", pensaba.

4

No obstante, Isidora se equivocaba. Después de la muerte del fundador de la Compañía, su hijo don Luis secundado desde la sombra por Isidora fueron los encargados de enfrentar los retos que presentaba la Era Industrial. El dinero empezó a verse. Entraba a raudales a las arcas de la familia. Una elite de profesionales de buenos apellidos y no pocos extranjeros ocupaban altos cargo en las fábricas y vivían en magníficas residencias en una zona de Lota Alto.

La familia habitaba su palacio en una alta colina junto al mar, pero la pobreza en el resto de Lota era extrema. La promesa de mejorar los rústicos pabellones para los trabajadores aún no se cumplía. En las noches reinaba la oscuridad en el pueblo y cuando llovía, cosa frecuente, los lodazales eran dignos de una sociedad medieval.

Otro tanto sucedía en Santiago. En invierno, el río Mapocho inundaba la parte sur de la ciudad a causa de las crecidas. Su posterior canalización permitió mejorar la accesibilidad a los predios rurales y a una callejuela llamada Dieciocho de Septiembre. Ésta conducía a la Pampilla, paseo público donde se encontraba el Campo de Marte. Por un plano polvoriento desfilaban las tropas militares para las fiestas patrias.

La consolidación de estos barrios no pasó inadvertida a don Luis Cousiño. Para el año de 1869, el señor Cousiño ofreció al gobierno central la remodelación de la Pampilla para convertirla en un extenso jardín público a la manera de los parques europeos que habían admirado en los viajes con su esposa. Se proyectó entonces dos grandes vías de acceso: la avenida del Ejercito Libertador y la calle Dieciocho de Septiembre. Ambas aperturas provocaron la expropiación de parte de pequeños fundos y su posterior loteo de los terrenos para formar solares ideales para la construcción de...por supuesto, un palacio para Isidora.

Don Luis Cousiño decidió entonces comprar algunos sitios casi al final de la calle Dieciocho. Reservó para él un solar que adquirió en la suma de cinco mil pesos. El solar colindaba con sitios y fundos de importantes familias y era ideal para construir un palacio que se convertiría en la residencia familiar en Santiago.

Otro feliz suceso ocurrió ese año: el nacimiento de Loreto Cousiño Goyenechea. Su llegada a este mundo vino a completar el número de seis hijos: Luis Alberto, Carlos Alberto, Luis Arturo, María Luz, Adriana y Loreto.

Inmerso en sus cuantiosas obligaciones sociales, don Luis pasaba poco tiempo en Lota. Era presidente del Club

209

de la Unión y del Club Hípico de Santiago. Sin mencionar su participación en la política. Era admirado por sus generosas y frívolas donaciones, como la copa de oro para el ganador de la carrera inaugural en 1870. Decíase de él: "gustaba de la vida fastuosa y alegre, pero era un gran pensador y siempre se distinguía por sus altas ideas patrióticas y de utilidad pública".

A Isidora, inmersa en la educación de sus hijos y el adelanto de su parque, al cual envidiosamente llamaba Benjamín Vicuña Mackenna el "Edén de la señora Cousiño", no le incomodaba las prolongadas ausencias de su marido y sus afanes sociales. Solo le reprochaba la frivolidad de estas. Por esta razón, don Luis donó una importante suma de dinero a la Sociedad de Instrucción Primaria, una de las sociedades de educación más importantes y liberales de la época. En ocasiones Isidora acompañaba a su marido a fiestas u otros eventos sociales de importancia en Santiago, tales como bailes de disfraces. Sus días transcurrían mayormente en compañía de sus hijos y un selecto grupo de amigas. Algunas tocaban el piano, otras leían en voz alta poemas, aún otras eran dignas contrincantes de Isidora en ajedrez.

Para 1870, don Luis, siguiendo los patrones sociales establecidos en la época, iniciaba el trazado de un palacete en Santiago en la quinta que compró a la familia Arévalo al final de la calle Dieciocho.

También la localidad de Quintero se benefició del empuje urbanístico de la pareja Cousiño Goyenechea. En 1871 adquirieron los extensos terrenos (250 hectáreas) de la península y proyectaron un nuevo puerto. Pero fue su hijo Luis Alberto Cousiño quien, junto a su esposa, la inmigrante francesa María Luisa Sebire quien realizó las inversiones necesarias para la construcción del puerto y fundaron en 1913 la Sociedad Ferrocarril Puerto y Balneario de Quintero, loteando la hacienda en sitios de dos mil metros cuadrados para incentivar la formación de una comunidad costera de descanso para gente pudiente del fastuoso barrio Dieciocho de Santiago.

Capítulo 16

1

Isidora Goyenechea de Cousiño estaba sentada en lo más alto de la colina de su jardín particular cuando la sorprendió la tarde meditando. Ante sí contemplaba una vista privilegiada del Golfo de Arauco. Desde allí se observaban las instalaciones mineras y el muelle de embarque del carbón. Más allá, los barcos surtos en la bahía exhibían banderas de distintos países.

Se encontraba en lo más alto de su parque ubicado en una suave colina a un costado del poblado de Lota Alto, así como también, eso pensaba ella, en la cúspide de su vida.

Apartó a un lado del asiento de piedra, que no por duro, era menos cómodo, los informes de producción de carbón del último mes y cruzó sus manos sobre su regazo. El aire fragante y algo frío le sentaba bien. Su mirada se perdió en el horizonte.

A los treintaisiete años de edad meditaba en lo que se había convertido su vida hasta ese momento. En los últimos años se había estado familiarizando con los abultados libros de contabilidad que mantenían los empleados gerentes de las empresas de la familia. Había tenido particular cuidado de no inmiscuirse demasiado en los negocios que dirigía su esposo; era un modo de no opacar el genio que desde mucho tiempo atrás había mostrado Luis para estas actividades y además no era bien

212

visto en la sociedad burguesa, sobretodo la elite santiaguina, que una mujer, esposa y madre de seis hijos se manejara con extraordinaria soltura en el mundo empresarial.

Sin embargo, no le preocupaban las maledicencias y envidias que despertaba su llamativa belleza de acusados rasgos vascos. La maternidad no había hecho mella en su figura. Su estatura mediana y fisonomía mostraba una dulzura acentuada por la regularidad de su rostro de hermoso cutis, ojos negros de mirar vivaz y abundantes cabellos largos, brillantes y oscuros. De muy joven adoraba adornarlos, en forma disimulada, con rosas silvestres, como si al pasar por un rosal, algunas hubieran quedado prendidas de sus cabellos.

Muchos ignoraban que siendo aún una púber, su padrastro y suegro le enseñó el mundo de los negocios. Y si recordaba más atrás en el tiempo, siendo muy pequeña, su tía doña Candelaria había ejercido una gran influencia sobre ella al respecto.

Esa mañana, la nostalgia por su esposo le invadía. Recordaba con satisfacción los 18 años de vida conyugal. Se casaron muy enamorados, y por cierto, fueron años muy fructíferos: siete hijos. "Nada mal" se dijo sonriendo.

A pesar de la grata sensación de haber logrado una familia numerosa, se había visto opacada por momentos por el fallecimiento de su primogénito Alfredo y una mujercita que falleció a los pocos días de nacer. Otras muertes y desgracias inesperadas fueron nubarrones que ocultaron el resplandeciente sol de felicidad que, pensaba,

213

merecía. La refrescante brisa del oeste había despejado sus sufrimientos al mantener con vida seis de sus hijos. Después del nacimiento de Loreto, cuatro años atrás, habían tomado la decisión de suspender por un tiempo el crecimiento familiar. Más que la cantidad de hijos y los consecuentes partos, lo que la impulsaba era, por lo menos a ella, la inquietud por la salud de su esposo, quien se encontraba de viaje por el Perú.

Sin duda que la preocupación por la salud de don Luis tenía su fundamento en lo que ella observaba en él y el titular del Mercurio de Valparaíso de fecha 29 de enero que decía con grades letras: "Crítico estado de salud de don Luis Cousiño". Cierto era que se había deteriorado muchísimo en estos últimos meses. Se veía cansado y débil. El médico recomendó reposo absoluto. La tuberculosis avanzaba poco a poco, consumiendo sus energías. Le recomendaban que por lo menos bajara el frenesí de tanta actividad, pero se acumulaban los numerosos proyectos de construcciones e inversiones. Últimamente se había mostrado muy entusiasmado con la formación de una sociedad anónima para establecer una línea telegráfica desde Caldera a Lota. Un progreso a todas luces. Significará la comunicación con todos los puertos importantes que comprenden esa extensión.

Isidora también intentaba persuadirlo a seguir las recomendaciones médicas. Los viajes, la política, las nuevas inversiones, las obras de edificación inconclusas y sin olvidar la obligada vida social que tanto le gustaba a Luis y que a ella, en realidad, le atraía muy poco, en fin todo lo que constituía sus vidas, habían llegado a un punto abrumador. Era imprescindible pausar.

Después de concluir con éxito un gran parque en el Campo de Marte en pleno Santiago, Isidora le había pedido, le había rogado que bajara el ritmo. Pero don Luis no escuchaba razones. El Intendente don Benjamín Vicuña Mackenna le había encargado a su marido dicho proyecto y se inauguraba este año. Proyecto que le había significado un gran desgaste físico y emocional. "Ese horrible señor que si yo lo hubiera encontrado en Lota Bajo lo habría confundido con el carnicero". Era la opinión que le merecía el Intendente a Isidora.

Sin embargo, seguía la vorágine de actividades. En su última carta de enero, Luis le escribía que no se sentía muy bien y que permanecería un tiempo en el balneario de Chorrillos, en Perú. Isidora presentía la llegada de nubes de tormenta.

En ocasiones, estando en la misa de los domingos, Isidora pensaba que si Dios les regalaba con riquezas, era un deber cristiano compartirlas con los más desposeídos, más allá de la promesa hecha a la fuerza a Liquitaya. Lo sentía como una responsabilidad social. ¡Y había tanto por hacer! En ese momento no se le ocurría cómo podría llevar a cabo la promesa. En cierto sentido, Luis compartía su modo de ver la fortuna.

Ya habían iniciado el proyecto estrella en la calle Dieciocho de Septiembre. Fue Isidora quien insistió en construir un palacio en el centro de Santiago. No sentía que hubiera una contradicción entre levantar lujosos

215

palacio y su deseo de aliviar la carga a los más pobres. Sus parientes, los Gallo Goyenechea, le habían inculcado que la riqueza había que exhibirla. Daba notoriedad, sobretodo daba poder social y político.

No quedarían rezagados en esta espiral de construcciones de palacios en Santiago. Más de una década atrás, los Urmeneta Quiroga ya había iniciado esto de darle brillo a la ciudad mediante magníficas edificaciones. Solo el año pasado, los Errázuriz y los Larrain Zañartu habían inaugurado regios palacios, con todo lujo y fastuosas fiestas. "Ya verán ellos de lo que son capaces los Cousiño Goyenechea. En esplendor y magnificencia no nos quedaremos atrás".

Le propuso a Luis que los muebles que llenarían el soñado palacio serían traídos exclusivamente desde Francia. Además le exigió que fuera ella personalmente quien dirigiría la obra y ornato del complejo. Su marido daba por descontado que Isidora elegiría a un arquitecto francés.

Isidora sacudió su cabeza ahuyentando aquellos pensamientos. La distraían de lo esencial que le preocupaba en ese momento. Los médicos, a instancia de ella, recomendaron a don Luis que bajara la intensidad de sus actividades y viajes. Incluso le aconsejaron cambiar de ambiente. El clima en Lota era frío, húmedo y llovía constantemente. Un buen destino podría ser, sin duda, París. En esa época del año gozaba de una florida primavera.

"¡Ah, París, cómo amo esa ciudad! En mayo, los frondosos árboles de los Campos de Elíseo se visten de flores. Las hojas parecen aplaudir en algarabía a los paseantes cuando corre la suave brisa de la tarde". Tenía pensado incorporar con profusión el concepto de primavera en el ornato de su nuevo palacio en Santiago.

El día avanzaba y el cielo se cubría de nubes, lo que indicaba que se aproximaba lluvia, una lluvia otoñal corta y copiosa.

Isidora seguía sentada, perdida en sus pensamientos, en lo más alto de su jardín parque, regalo de su esposo. De improviso, sintió por su cuerpo un escalofrío estremecedor. No obstante estar sola, le acompañaba alguien o algo. Quiso anular esa sensación incómoda mirando en todas direcciones. Pero no, allí estaban aún las begonias, los helechos y orquídeas, rodeándola, Hubiese querido que esos cedros, mañíos, boldos y pinos fueran ahora gigantes protectores. Aspiró profundamente el exquisito aroma que emanaban.

En cierta ocasión, Luis le había dicho:"Mientras yo esté presente en tus pensamientos, nunca estarás sola, mi amor". La lluvia cayó suavemente.

2

El mismo día que Isidora paladeaba con nostalgia el sabor de la gloria, ese mismo día conoció el más cruel de los sufrimientos. Un golpe fatal. Una fecha que jamás olvidaría: 19 de mayo de 1873.

Desde el palacio, ubicado en el interior del parque, salió corriendo cuesta arriba la institutriz inglesa. Corría agitando un papel en su mano.

—¡My Lady, telegrama urgente! ¡Telegrama urgente! Viene llegando recién. Lo han traído al galope.

Isidora cogió con mano temblorosa el mensaje y notó que provenía del balneario de Chorrillos. Su corazón dio un vuelco y se agitó su respiración. Tratando de serenarse, leyó: "Luis Cousiño Squella grave. Espere noticias".

Estremecida, se levantó de golpe y corrió colina abajo hacia el palacio. La institutriz corría detrás a duras penas. El largo y la amplitud de las faldas impedían un desplazamiento con rapidez. Los libros de contabilidad rodaron por el pasto. Llovía.

Cuando llegaron a los primeros peldaños de la entrada principal tuvo que detenerse a tomar aliento apoyándose en la balaustrada. Los jóvenes salieron a su encuentro.

—¿Qué ha pasado, madre?

—Tu padre. Algo le ha ocurrido. No sé más. Toma, lee el telegrama. Viene de Santiago. Dice que es grave. Ay, Dios mío ¡Qué no sea nada grave!

—No, madre. El telegrama viene de Concepción con fecha 17 de mayo.

Dos días después, en el lujoso balneario de Chorrillos, falleció don Luis Cousiño. Rondaba los 38 años de edad. Una muerte que sorprendió a todos los que le conocían.

Los funerales se realizaron en la catedral de Santiago de Chile. Hubo demostraciones de gran afecto como testimonio de la consideración de sus méritos. Sus exequias fueron de costo de la municipalidad. Asistieron políticos de todas las bancadas e intelectuales. El Intendente de la provincia, el señor Vicuña Mackenna pronunció un discurso tan elocuente como sentido.

La desconsolada viuda, rodeada de todos sus hijos encabezó el cortejo. Isidora vestía un traje de riguroso luto, en raso de seda y encaje, encargado a la muy inglesa Casa Worth. Acudió una gran cantidad de parientes, autoridades, gente importante y los infaltables curiosos.

Es extraño observar las direcciones que puede tomar la vida. Es como el viento, que impone al aire que nos envuelve el rumbo que debe tomar. Pero sucedió, lo que Isidora temía, sucedió.

Durante las exequias de su amado esposo cruzaron por su mente recuerdos y vivencias que dormían en lo más profundo de su ser. Se aferraba a ellos igual que la hiedra al cerco. No deseaba quebrarse por causa de sus hijos. Debía lucir fuerte y valerosa. "La muerte es parte de la vida" le habría dicho su primo Miguel Gallo Goyenechea tiempo atrás cuando la vio llorar desconsoladamente por la muerte de su suegro, don Matías.

No podía dejar de pensar y sentir empatía por su personaje histórico favorito: María de Médici, reina y madre de reyes y reinas. Cuando visitó el palacio de Luxemburgo en Francia, el guía había relatado un episodio muy particular de esta reina. El mismo día que fue coronada reina de Francia en Saint-Denis e hiciera su entrada oficial en París, ese mismo día, su esposo Enrique IV moría asesinado lejos de la catedral en que ella era coronada, después de una larga espera por el trono. El hijo mayor, el delfín Luis no tenía edad aún para reinar, por lo tanto ella debió regentar el país mientras éste cumpliera la edad para convertirse en rey de Francia.

No podía evitar ver en aquello una semejanza, guardando las proporciones. Debería manejar el gran patrimonio familiar y reinar sobre sus dominios: el pueblo de Lota hasta que su hijo Luis Alberto o Carlos Alberto pudieran hacerse cargo de la administración de la fortuna familiar. Esa perceptiva hacía que sus piernas temblaran. Era abrumador pensar en ello. Una gran carga había caído sobre ella.

Se sintió reconfortada al percibir la cercanía de su tía Candelaria. Ella caminaba unos pasos más atrás. Tal vez intuyendo el pesar de Isidora que ya casi la doblegaba se acercó abrazándola por los hombros. No encontraba las palabras de consuelo. Al observar la profunda congoja de su sobrina prefirió guardar silencio. Doña Candelaria fue un gran apoyo para sobrellevar la larga viudez de Isidora. Ella mismo quedó viuda a los 58 años de edad. Tía y sobrina vivían en carne propia las palabras que salieron de la amarga boca de Liquitaya aquella tarde de enero en Copiapó.

Al finalizar la ceremonia, en silencio y con callado llanto, Isidora hizo a modo de despedida un voto a su amado: guardaría luto hasta el fin de sus días.

Capítulo 17

1

En memoria de su fallecido esposo, la joven viuda compartiría ahora la fascinación por el urbanismo, el lujo y las artes aplicadas. Decidida, tomaría además la dirección de la totalidad de las empresas de la familia. Tal incalculable patrimonio debía ser administrado convenientemente. Incluía minas de carbón en Lota y Coronel, vetas de plata en Chañarcillo, una flota de barcos, extensiones agrarias, bienes raíces y una de las principales viñas de Chile. También continuaría con las obras inconclusas.

Sobreponiéndose a su profundo dolor, estuvo de acuerdo en presenciar la inauguración del parque del Campo de Marte, obra iniciada y concluida por don Luis Cousiño y que sería denominado en su honor: Parque Cousiño. Sin embargo, a instancias del Intendente don Benjamín Vicuña Mackenna fue el paisajista español señor Manuel Arana, implicado en el diseño, quien representó a don Luis Cousiño en la ceremonia. Isidora dejó pasar esta humillación porque ya no tenía fuerzas para lidiar contra tal manifestación machista.

Esta vez, Isidora se propuso no volver a caer en el profundo desánimo como cuando falleció su padrastro. Además, era consciente que pronto podría fallecer su envejecida madre y que sus hijos sufrirían la ausencia de un padre para siempre. Acallaría los lamentos de su alma herida. Lo lograría trabajando duro en lo que ahora se había convertido: una empresaria.

"Llegó la hora de cerrarle la podrida boca de Liquitaya" se dijo cada vez más acostumbrada a los soliloquios.

Por las noches daba vueltas y vueltas en su cama sin poder conciliar el sueño. "Acaso no había dicho nuestro Señor en San Juan 12:8 que 'a los pobres siempre los tenéis entre vosotros' ¿No había dicho mi padrastro que ni todas las fortunas del mundo eliminarían la pobreza? Por cierto, hemos creado un pueblo que alberga, da trabajo y da sustento a gentes que antes eran pobres labriegos que ganaban algunas monedas solo para las cosechas. De modo que acallaré tu voz, bruja del norte. Y cuando me sienta al borde del precipicio, partiré, sí, tomaré a mis hijos y buscaré refugio en París, mi ciudad amada".

Sentada en su diván del salón principal, Isidora hizo llamar al administrador general, el señor Tito De la Fuente. La invitación, en principio, era para tomar té. Había pasado tiempo desde la trágica muerte de don Luis y todos se preguntaban: ¿y ahora qué? Incertidumbre reinaba sobre el futuro de las florecientes industrias de Lota.

El administrador entró y tomó asiento sin esperar invitación. Ahora, Isidora bebía su té en tazas elaboradas en su propia fábrica de porcelana en Lota. En medio del vapor despedido por la caliente bebida, divisó al gordo administrador, cargo que ejercía algo más de un año.

—Imagino que usted recordará nuestra última conversación, señor De la Fuente.

—Por supuesto, señora Cousiño. He desempeñado fielmente las instrucciones de don Luis, que en paz descanse. He supervisado personalmente la construcción de un puente colgante que atraviesa una quebrada cerca de las casas...

—No me refiero a eso, señor. ¿Qué ha sucedido con la seguridad de los piques? —interrumpió Isidora molesta. Algo en la personalidad del administrador le chocaba.

—Por supuesto, señora Cousiño. He colocado a cargo de las minas de carbón de Lota y Coronel a un reputado ingeniero.

—¿A quién ha puesto a cargo de la ingeniería en la fundición de cobre, las fábricas de ladrillos, la fábrica de cristalería, la flota de barcos y ferrocarriles?

—Están a cargo de capataces muy capacitados, valga la redundancia. Me reportan a mí y yo reportaba al señor Cousiño, señora. Es decir, cuando se encontraba en Lota. Es que sus actividades sociales en Santiago y Valparaíso le mantenían muy…

—Entiendo, señor administrador, entiendo. Mi esposo se encargaba además de las cuentas de nuestras minas en Chañarcillo y otros menesteres administrativos.

—Cierto, debe haber sido muy agotador, si me permite decirlo.

Doña Isidora guardó silencio al escuchar las últimas palabras. Luego de meditar un momento exhaló un largo suspiro. El administrador se percató recién del exquisito perfume francés que emanaba su hermosa patrona.

—Como usted sabe, mis hijos mayores no tienen edad suficiente para ayudarme en administrar todo —volvió a pausar y tomando aire agregó con resolución—. Buscará usted un ingeniero jefe para cada industria en particular y sobre él recaerá la responsabilidad de administrar solo su sección a cargo, con el número de empleados y operarios necesarios. Todos los administradores jefes y yo nos reuniremos los primeros días de cada mes y me rendirán cuenta a mí de los ingresos y egresos de sus respectivas secciones. Este mismo sistema ya lo he implementado en los negocios del norte, Valparaíso y Santiago.

—¿Cuál será entonces mi labor, señora Cousiño? —dijo el señor De la Fuente, roja su cara y muy abiertos sus ojos.

—Usted es el administrador general y será el único que tendrá injerencia en todas las secciones en mi ausencia. En las reuniones mensuales, usted se sentará a mi lado y tomará nota de los problemas que requieran una pronta atención y de las inversiones necesarias para la buena marcha de las labores. La pertinencia y prioridad de las soluciones que surjan en toda clase de problemas las discutirá usted conmigo. Yo decidiré en cada caso. ¿Me doy a entender?

—Perfectamente, señora Cousiño.

—Una cosa más. Quiero que usted sea mi vocero frente a los trabajadores. Cualquier petición o queja que surjan de ellos, será usted quien me las presentará. Ordenadas por importancia, por supuesto. La semana siguiente deberé viajar a Santiago por asuntos que requieren mi presencia. Buenas tardes.

El proyecto de construir un palacio que eclipsara todos los demás palacios en Santiago había quedado inconcluso a causa del fallecimiento de don Luis. Para el año de 1874, Isidora decidió retomar el proyecto. Su hermano Emeterio, radicado en la capital, le recomendó al arquitecto francés Paul Lathoud.

Dicho arquitecto había llamado la atención del escritor Alberto Blest Gana, quien ejercía el cargo de Ministro Plenipotenciario en Francia. Admirador de su trabajo realizado en la Exposición de Lyon, hizo las gestiones para que el gobierno chileno lo contratara para el diseño de la Exposición Internacional de Chile en 1875 y la construcción del pabellón principal. La contratación se efectuó en 1873, embarcándose rumbo a Santiago ese mismo año.

Paul Lathoud era un arquitecto empapado en la magia del Segundo Imperio Francés que transformó los viejos muros de adobe en residencias magníficas de varias pudientes familias santiaguinas. Para el diplomático José Arrieta diseñó una regia casa con mosaicos florentinos, otra para Eugenio Ossa y otra para Victor Echaurren. Además participó en la construcción del Congreso Nacional, el Cementerio Católico y el Teatro Municipal de Santiago.

Con tales pergaminos, Isidora no dudó en encargarle el diseño y construcción del futuro palacio en calle Dieciocho.

Una tranquila tarde de mayo, Isidora recibió en su casa de Santiago al muy bien recomendado arquitecto francés. El señor Lathoud venía acompañado de tres ayudantes y un montón de planos enrollados y anudados con cintas.

—Madame Cousiño, permítame enseñarle los primeros bosquejos del palacio —e hizo un gesto a sus empleados para desplegar los planos en los cuales llevaba trabajando un tiempo.

Isidora, a su vez, hizo otro tanto para que sus sirvientes despejaran la mesa donde se expondrían.

—El estilo, según ya lo había conversado con su fallecido esposo, responderá al neoclásico francés. El edificio constará de dos pisos de distribución europea con doce salones de distintos estilos.

—Ya veo —dijo Isidora inclinándose sobre los planos. Estaba acompañada de sus dos hijos mayores.

—Si me permite, usaré este puntero con el cual iremos recorriendo la disposición de los salones. En el primer piso estará la entrada de mayólica italiana. A la derecha estará el salón de recibo donde se acogen las visitas. A continuación tenemos el salón de baile al cual propongo instalarle una profusión de espejos para darle amplitud.

—Estoy de acuerdo —dijo la señora Cousiño.

—Luego, he pensado en un salón de música estilo Regencia francesa de forma ovalada —continuó el francés—. En él pueden caber cómodamente doce músicos. Le seguirán un salón de juegos para los caballeros y un salón de té para las damas.

El señor Lathoud pausó y miró a su auditorio para ver el efecto. Satisfecho continuó.

—He pensado en agregar aquí un invernadero estilo Art Nouveau con una estructura de fierro y vitrales de color azul cobalto y un espacio importante: el comedor principal en estilo barroco Bávaro con dos entradas con puertas ocultas para los sirvientes. Por estas mismas puertas los sirvientes pueden acceder al comedor de los niños. ¿La estoy cansando, madame?

—Para nada, prosiga, por favor.

—Y aquí tenemos el gran salón de estilo neoclásico con columnas jónicas y revestimiento de mayólica italiana en los muros. A un costado pondremos una jardinera con una fuente de agua fluyendo. Nada más relajante que el murmullo de un arroyo. ¿N'est-ce pas?

—Sans aucun doute —respondió Isidora.

—Finalmente, el primer piso lo completan una sala de armas, solicitada expresamente por el señor Cousiño, un amplio salón para una pinacoteca y biblioteca y un comedor de diario.

—Estoy de acuerdo en todo. Ahora pasemos al segundo piso.

—En el segundo piso ubicaré diez dormitorios, tres salones y cinco baños. Antes del sensible fallecimiento, su amado esposo había considerado un dormitorio para él con un escritorio al costado y a continuación el suyo. Podemos eliminar dicho dormitorio, si le parece.

—No, el palacio se construirá conforme a los deseos de mi esposo y tal como lo ha diseñado usted.

—Sí, por supuesto. La obra la completan jardines, un pabellón de portería, una gran cochera y edificaciones para los sirvientes, digamos unas veinticinco personas. Con todo lo necesario para permitir una vida en familia cómoda.

—Sí, cómoda —repitió Isidora con una expresión de profunda tristeza.

La reunión se había extendido más de lo pensado, de modo que Isidora invitó al arquitecto y su equipo a cenar. Posteriormente la charla duró hasta pasada la media noche.

Durante la noche, un sueño pesado cayó sobre Isidora. Daba vueltas y vueltas en su cama. Imágenes y recuerdos de su visita al palacio de Versalles perturbaban su descanso. De súbito escuchó muy clara una voz que gritaba: "Tu palacio arderá por los cuatro costados".

A la mañana siguiente llamó a su hijo y le dijo:

—Comunícate con el señor Lathoud. Que inicie las obras enseguida.

Mientras transcurrían los casi cinco años que duró la construcción del palacio a un costo equivalente a un millón de dólares de la época, Isidora se encargó de ornamentar cada salón. Hizo traer el mobiliario, la tapicería y los cortinajes desde París. Además dio instrucciones para que en lugares estratégicos del palacio se colocara su monograma con las letras del apellido de su marido, pero que sobre ellas sobresaliera la letra I de Isidora.

Fijó su residencia permanente en Lota, alejada de la siempre envidiosa alta sociedad santiaguina. Continuó con la formación, con gran dedicación, del parque que rodeaba el palacio levantado por su suegro. Puso a cargo de los jardines al paisajista irlandés Guillermo O'Reilly con la orden de crear un paraíso, sin tener en cuenta los costos. Para ello trajo especies de árboles y plantas de muchas partes del planeta; incluso animales exóticos. Como era de esperar, pronto su parque no tardó en llamar la atención de exploradores y viajeros.

3

Las obras en Santiago terminaron para el año de 1878 e Isidora inició preparativos para la inauguración para principios de 1879. Pero una vez más surgieron piedras en el camino. El 5 de febrero de 1879 Chile declaró estado de guerra a las naciones vecinas de Perú y Bolivia.

Aparecieron otras preocupaciones para la gran dama de Lota. Existía el peligro que iniciada la fase naval de la guerra, la armada peruana viniera a bombardear las minas de carbón y los complejos industriales de Lota y Coronel. El abastecimiento de carbón se tornó crítico para la armada chilena. Sin dilación Isidora hizo instalar cañones nuevamente en puntos estratégicos para la defensa. Temiendo que las amenazas de Liquitaya afectaran a su querido parque y todo lo que allí atesoraba tanto en lo material como en los recuerdos de días felices, decidió prestar un contundente apoyo al esfuerzo bélico chileno.

Cuidó que no disminuyera la producción de carbón de sus yacimientos, asegurando la cantidad necesaria para los navíos chilenos en combate.

Sin pensarlo dos veces, Isidora, al igual que en 1866 en la guerra con España, puso a disposición del gobierno su flota de barcos para el transporte de tropas al escenario bélico, incluyendo el más importante: el vapor Matías Cousiño. Para asegurar el buen desempeño de sus barcos mantuvo a los capitanes que trabajaban para ella. Escribió al presidente Aníbal Pinto: "Disponga usted de mi carbón y de mi flota carbonera".

Aunque fastuosa en su estilo de vida, la señora Cousiño era inexorable en cuestiones de negocios. No toleraba fallas en las rendiciones de cuentas de sus administradores como tampoco admitía un bajo desempeño de sus capitanes en las acciones bélicas.

Las primeras comisiones de guerra del transporte Matías Cousiño fueron las de trasladar carbón al puerto de Antofagasta, ocupado por el ejército chileno. A mediados de mayo del 79 fue enviado a Iquique para abastecer de combustible a los buques de guerra Esmeralda y Covadonga, los cuales bloqueaban dicho puerto enemigo.

El 16 de mayo, el capitán Castelton recibió la orden por bocina (porque no conocía las señales de guerra) de ir a esperar la escuadra a un punto determinado del paralelo de Camarones. Entendió mal la orden y en la noche del 17 se desprendió del convoy para ir a cruzar lejos del paralelo de Camarones. O sea, se perdió. En la mañana siguiente se notó la ausencia del carbonero; se le buscó en dirección sur-este y como no aparecía, el Almirante Williams ordenó avance al Callao, navegando a 35 millas de la costa; sin perderla de vista.

El 21 de mayo se produjo el memorable Combate Naval de Iquique donde la Esmeralda fue hundida por el blindado peruano Huascar. La escuadra chilena, que tenía orden de entablar combate con la escuadra enemiga en la rada del Callao giró de redondo regresando a costas chilenas sin cumplir la orden. La queja del Almirante fue que no dispuso de suficiente carbón para cumplir exitosamente la acción bélica.

A finales de mayo, Isidora mandó a presentarse al capitán del Matías Cousiño, don Augusto Castelton para pedirle explicaciones de su actuación en Iquique. El atribulado capitán se deshizo en mil disculpas. Por ser su primera actuación bélica, Isidora lo dejó pasar, pero no habría tolerancia para un segundo fallo.

—¿Cómo te enteraste del papelón del Matías en Camarones, mamá?—preguntó su hijo Luis Arturo.

—Lo leí en los periódicos chilenos, hijo. Informan todos los movimientos de la escuadra. El enemigo no va a necesitar espías en esta guerra.

La acción siguiente del carbonero lotino tuvo lugar el 10 de julio del 79. Grau, capitán del Huascar se dirigía a la boca del puerto de Antofagasta en demanda de alguna nave enemiga para atacarla a espolón en la oscuridad cuando sorpresivamente se topó en esa ruta con el Matías Cousiño, de cuyo capitán era amigo.

—¿Qué buque es ese? —preguntó Grau a viva voz una vez detenidos ambos buques a una distancia suficiente para el diálogo de capitanes.

—El Matías Cousiño —contestó Castelton.

—¿Cómo está usted, Castelton?

—Muy bien, gracias señor.

—¿Qué carga tiene a bordo?

—Carbón.

—Bien, capitán, embárquese en sus botes porque lo voy a echar a pique.

Isidora escuchaba con atención el relato pormenorizado del capitán, ya de vuelta en Lota.

—¡Dios mío! ¿Qué hizo usted?

—Como oyera que el Huascar arriaba un bote, ordené "máquina avante", huyendo al sur. El Huascar disparó sus cañones contra mi buque, sin tocarme. A sus disparos acudió la cañonera Magallanes y Grau huyó creyendo que era el acorazado Cochrane.

El 8 de octubre tuvo lugar el combate naval definitivo de la guerra en Punta de Angamos. La escuadra chilena derrotó a la peruana y con ello ganó el dominio completo del mar, vital para las operaciones de guerra que vendrían después. El carbonero Matías no perdió ninguna participación de importancia sin hacer presente su silueta británica de tres palos y su chimenea a popa.

Cuando por fin llegó la paz en 1884, Isidora recibió un homenaje en el Congreso chileno, otorgándole la Medalla de Honor por sus servicios.

4

El encuentro fue casual en el Palacio de la Moneda en Santiago. Isidora salía del despacho del presidente Aníbal Pinto luego de recibir en el Congreso la condecoración mencionada. La gruesa figura del senador don Benjamín Vicuña Mackenna se recortó por el pasillo principal. Aminoró la rapidez de su andar, tal vez porque no quería encontrarse con "la opulenta propietaria de Lota" como la habían llamado en un libro o quizá porque sus cincuenta años de vida le estaban pesando. Como sea, el encuentro fue inevitable. No se divisaba ninguna puerta salvadora.

Isidora, acompañada de su hijo Carlos Alberto alzó la cabeza al puro estilo de la realeza europea y abrió su abanico en toda su extensión y continuó caminando en dirección al senador.

A pesar de haber sido instruido minuciosamente sobre el protocolo de la elite santiaguina sobre la manera de entrar, de saludar y de hablar, don Benjamín atravesó el pasillo con pasos inseguros, tropezó con la alfombra roja y le dio un apretón de manos a la viuda y le dijo: "Cómo le va, señora". Isidora contestó con una leve inclinación de cabeza.

—Es un placer saludarle, senador. Quiero que sepa que he leído la mayoría de sus libros.

—¿De veras, señora Cousiño? Me halaga usted.

—En especial me ha llamado la atención su libro El libro de la Plata. Es un volumen muy erudito.

—Mi estimada señora, solo he reunido información con el propósito de difundir el conocimiento sobre las riquezas de nuestra tierra.

—También he leído el libro escrito por su amigo Francisco Marcial Aracena.

—¿La Industria del cobre? Me lo ha dedicado. Son solo apuntes de viajes.

—Un detalle: ¿Podría usted, en una próxima edición, pedirle a su amigo que cambie ciertos conceptos sobre mi persona?

Don Benjamín contuvo un pequeño ataque de tos y rojo como tomate preguntó:

—¿A qué se refiere, madama?

—Al capítulo veinticuatro, párrafo cinco.

En ese instante comprendió que todo lo que se decía de la viuda eran comentarios abreviados. Estaba frente a una extraordinaria mujer, solo comparable con su hermana.

—Agradecería me lo recordara. Usted sabe…no tengo memoria de elefante.

—Refiriéndose a mi parque particular en Lota, el señor Marcial lo describe como un Edén. Y agrega que allí, cito: "la opulenta propietaria edificó su morada, digna de ser habitada por una reina o por las hadas o huríes del Profeta"

—No creo que asemejarla a una reina deba ser una ofensa, señora.

—No, pero sí lo es lo que escribió a continuación: "El lector habrá comprendido que nos hemos referido al famoso Parque de Lota, a ese lindo disparate de la opulencia, el cual es alumbrado en la actualidad con gas hidrógeno, regalía que no disfrutan muchas de nuestras ciudades y menos los pabellones de Alto Lota, donde duermen hacinados sus esforzados trabajadores".

—Pero también mencionó la capilla, el cementerio para la colonia extranjera y también las dos escuelas para los numerosos niños que usted mandó a construir.

—En ninguna parte de su Apuntes, se menciona mi nombre. ¿Será porque soy mujer?

—Oh, no. No lo creo para nada. En mi artículo del periódico del 26 de abril sobre las principales fortuna chilenas, yo la nombro con todas sus letras: señora Isidora Goyenechea de Cousiño.

—Ya que lo menciona. En ese inserto usted me anota con una fortuna de catorce millones. Debo decirle que está usted equivocado, señor. Es mayor.

—¿Cuál es la cifra entonces?

—Averígüelo usted. Buenos días —dijo la gran dama de Lota y se alejó tomada del brazo de su hijo.

5

Paseando Isidora en solitario por su Parque, volvió la mirada hacia el palacio que años atrás, a instancias de su

235

madre, construyera su padrastro. Por momentos encontraba muy difícil vivir ahí. Esa mole de palacio guardaba tantos recuerdos de tiempos felices: don Matías, Luis, el nacimiento de sus hijos. ¿Cómo olvidar aquellas vivencias familiares? Sin embargo, por primera vez se dio cuenta que era feo y anticuado. "Hasta siniestro lo encuentro. ¿Que habrá pensado Mme Sarah Bernard el año pasado cuando nos hizo el honor de hospedarse con nosotros?".

De modo que concibió la idea de construir un segundo palacio en Lota. "Pero ahora deberá reflejar la tan cacareada opulencia de que todos hablan".

Luis Alberto, que se había radicado definitivamente en París, le escribió recomendando al arquitecto francés Abel Guérineau; Luis Arturo apoyó a su hermano. Carlos Alberto, empero, que estaba ya bastante posesionado como co-administrador junto a Isidora le recomendó al arquitecto Eduardo Fehrmann. Dicho profesional era chileno formado en Alemania. En Valparaíso era conocido por haber participado en la construcción del Teatro Victoria y en Concepción la Casa Glaisner y el Gran Teatro de la misma ciudad. Isidora optó por el recomendado de Carlos, tal vez porque su carácter se parecía mucho al de su suegro, razón por la cual también Carlos era el hijo más cercano a ella. En todo caso hubo fuertes discusiones entre sus hijos.

Ese fue el momento en que Isidora se dio cuenta de las profundas diferencias de carácter entre sus tres hijos varones. Sintió temor por lo que les traería el futuro por estas constantes pendencias. ¿Qué iba a ser de Adriana? La había hecho revisar por reputados doctores y todos coincidían en que la niña mostraba un notable retraso mental. Su otra hija, María Luz ya no era motivo de inquietud. Estaba en manos de Dios. En la última estadía en París, expresó su deseo de servir a Dios y entró al convento de La Asunción de aquella ciudad. Isidora no estaba muy convencida de su vocación religiosa, pero cedió. ¿Quién era ella para oponerse a la voluntad del Creador?

De modo que Isidora contactó al señor Fehrmann y le dejó muy claro sus preferencias. La familia Cousiño Goyenechea ya poseía un magnífico palacio en Santiago; por lo tanto el palacio de Lota no podía tener menor brillo que aquel. Claras las instrucciones al arquitecto, Isidora ordenó demoler la antigua construcción y partió de viaje hacia París.

Los trabajos iniciaron en 1886 y transcurrieron dos años hasta el regreso de Isidora a Santiago. En la capital, imbuida en el estilo de vida parisina, la gran dama de Lota se unió a aquellos que concurrían a los paseos públicos a lucir sus exquisitas vestimentas y sus carruajes de magníficos caballos. Visitaba el teatro y lucía su espléndida figura en cuanto evento social fuese invitada. Y también organizaba los propios en su precioso palacio de la calle Dieciocho.

De tanto en tanto se reunía con Carlos Alberto para cerciorase de algunos detalles sobre la Compañía Explotadora de Lota y Coronel que tal vez se le hubiera olvidado mencionarle en la nutrida correspondencia que éste le enviaba a París.

Después de un tiempo en Santiago, ambos viajaron a Valparaíso y desde allí a Lota. Isidora quería informarse de inmediato de los avances de la edificación del nuevo palacio. A poco llegar, decidió dar un paseo alrededor de la edificación en progreso. Carlos Alberto y Luis Alberto la tomaban del brazo. El día estaba caluroso y fragante; los aires que subían del golfo traían ese olor a mar del que Isidora siempre disfrutaba.

—No es lo que yo quería —dijo sorprendiendo a sus hijos—. Carlos, llama al arquitecto.

Una hora más tarde llegó trotando el asustado profesional. Al parecer estaba durmiendo una siesta.

—Señor Fehrmann ¿conoce usted nuestro palacio en Santiago?

—Por supuesto, señora Cousiño. Incluso estuve en la fiesta de inauguración.

—¿Y le parece que lo que estoy observando en estos momentos iguala o supera al de calle Dieciocho?

El arquitecto Fehrmann miró a Carlos y a Luis buscando una señal de apoyo respecto a la respuesta apropiada. Pero ambos permanecieron inmutables.

—Eh, sí. Está de acuerdo a los planos que usted aprobó. Sin embargo hice algunas modificaciones y...

—¿Où sont le charme, la magie et le flair français, monsieur?

El afligido hombre no sabía que contestar, además no comprendía muy bien el francés, por lo menos aquellas palabras y le turbaba la penetrante mirada de su patrona, pues parecía molesta.

—Gracia, señor Fehrmann. Su contrato termina en estos momentos. Un barco le llevará hasta Valparaíso. Buenas tardes.

De modo que, no obstante los trabajos se iniciaron a comienzo del 86, el palacio no pudo ser inaugurado oficialmente sino hasta el año de 1898. Evento que no presenciaría la viuda.

Fehrmann realizó a cabalidad el trabajo estructural principal de la edificación, pero le hizo una serie de modificaciones a la idea inicial en los detalles, razón por la cual Isidora despidió al sorprendido arquitecto y contrató en París al arquitecto francés Abel Guérineau. Éste deshizo los cambios ejecutados por Fehrmann por cuenta propia y construyó fielmente según los deseos de la señora Cousiño. Se preocupó especialmente de la fachada, llenándola de ornamentos, balcones e innumerables ventanas de medio punto para una adecuada iluminación de las habitaciones. ¡Un verdadero castillo real en medio del Parque!

Isidora soñaba con su nuevo palacio una vez que estuviera terminado. Se preguntaba que estaría pensando Liquitaya. "Tal vez ya se olvidó de sus amenazas. ¿Estará cumplida ya la maldición sobre mi familia? ¿Me dejará alguna vez ser feliz, sin que tenga que estar temiendo que nos asole una desgracia? ¿Abandonaré de una vez por todas esta sensación de un inminente golpe? ¿Por qué me tengo que ver obligada a huir a París, dejando mi querida Lota, cuando me abruma esta permanente angustia?".

Capítulo 18

1

La fama de Isidora traspasó las fronteras, no solo por su acertada dirección de sus empresas y su afán de innovar, cualidades solo atribuidas a los hombres, sino por algo que Isidora detestaba que se mencionara: su incalculable fortuna. Los medios internacionales tales como The New York Times de Estados Unidos, Le Fígaro, Le Temps de Francia, El Liberal de España y otros, la consideraban la mujer más rica del mundo. Tales aseveraciones las consideraba una exageración malévola.

Terminando el año de 1886 las celebraciones navideñas en Lota habían sido todo un éxito. Faltaba solo un día para el Año Nuevo y como era su costumbre Isidora revisaba la prensa del otro lado del océano. Un titular del periódico español La Época le dejó helada. Acompañada de sus hijos sostenía las páginas del diario con manos temblorosas.

—¿Ya se han enterado lo que dicen de mi persona los periódicos españoles? Luis Alberto, lee en voz alta esta página —dijo alcanzándole el periódico mientras se levantaba del sofá, cruzó sus brazos e inició su acostumbrado paseo alrededor de los presentes en señal de que algo le estaba molestando.

—"La mujer más rica del mundo —empezó a leer Luis Alberto—, según lo publican los periódicos de Nueva York, lo es la señora Isidora de Cousiño, residente en Chile. Su fortuna es inmensa...dueña de millones de hectáreas de terrenos, millones de pesos en metálico, minas de carbón, plata, cobre..."

—Por favor, sáltate el inventario. Lee las últimas líneas —interrumpió Isidora sin detener su caminar.

—"Diez o doce mayordomos administran sus negocios y les exige cuenta estrecha de todos los gastos o ingresos". ¿Sigo leyendo, mamá?

Isidora hizo un gesto que Luis Alberto interpretó como afirmativo y continuó.

—"Aunque fastuosa en su modo de vivir, es inexorable en cuestiones de negocios".

—Esa frase no sé si tomarla como una lisonja o como un insulto —dijo Isidora, resignándose a escuchar hasta el final de la columna editorial. Ya sufría de un terrible dolor de cabeza.

—"Días pasados hablábamos del opulentísimo millonario norteamericano Vanderbilt. Ahora le toca el turno a una dama de la América del Sur. Decididamente es el país de los Cresos modernos".

—¡Vaya, mamá! Tienes una llamativa fachada en el mundo —dijo riéndose Carlos Alberto.

Isidora guardó silencio por un instante. Sus hijos sabían que cuando su madre se quedaba como perdida en sus pensamientos era porque estaba planeando algo muy importante.

—Fastuoso modo de vivir —repitió repentinamente— ¿pero que se creen esos idiotas? ¿Por qué no vienen a Lota a cerciorarse por ellos mismos si de verdad llevo un modo de vivir fastuoso? Que vengan y vean como me preocupo personalmente del cuidado de mis hijos y de mis trabajadores. ¿Por qué no publican que en realidad llevo una vida tranquila y discreta?

Finalmente, sus hijos mayores apaciguaron la molestia de la gran dama. La prensa ya se erguía como un poder en el mundo occidental. No valía la pena gastar tiempo y energía en prestar atención a cada opinión. "Ignóralas, madre" fue el consejo unánime.

En 1887 estalló una vez más la epidemia del Cólera en gran parte del país. Ingresó por Valparaíso y se extendió a Santiago, por el barrio de familias pobres llamado Barrancas. Al terminar el año, el Cólera se había propagado por todo el país. Los Lazaretos no daban abasto y los sepultureros tampoco. Se calculaban los muertos en unos cuarenta mil. Cifra exorbitante para una población de tres millones. De nada sirvieron los estimulantes tónicos compuestos de agua, licor de Hoffmann, tintura de almizcle y jarabe de menta para detener la diarrea de los enfermos.

Isidora, temiendo por los suyos, se enclaustró todo ese año en el palacio de calle Dieciocho. Don Carlos Alberto se ocupaba totalmente de la Compañía de carbón en Lota y Coronel. Don Luis Alberto, por su lado, administraba las minas de Chañarcillo en el norte. Además, bajo el control de Isidora, Cousiño Macul se convirtió en una viña con instalaciones de última tecnología para la época entre las que se hallaban sistemas de tranvía para la mecanización de la vendimia, las incorporación de cubas de raulí para la vinificación a gran escala y una bodega cuyo sistema constructivo permitía el control de la temperatura a través del año.

Sin embargo, Isidora no estaba tranquila. La tarde era la parte del día en que peor se sentía. Con mucha o poca compañía, instalada en el salón de música, no podía evitar que la envolviera una aplastante sensación de soledad. Se le dificultaba la respiración y el pulso se disparaba. Generalmente se retiraba temprano a su dormitorio con la excusa de un fuerte dolor de cabeza. Ahí, a solas, desfogaba su dolor. "Luis, por qué me abandonaste. Qué haré ahora con tu dormitorio que yo misma alhajé". Solo entonces derramaba las lágrimas contenidas tanto tiempo.

Su paciencia se vio colmada cuando llegaron a sus oídos los comentarios que hizo don Benjamín Vicuña Mackenna con ocasión del baile de inauguración del palacio Quinta Meiggs. La mansión fue levantada por el riquísimo ingeniero norteamericano de ese apellido y mereció un rapsoda de aquél, pero del palacio Cousiño no obtuvo mención alguna. Salvo la del yanqui Teodoro Child que criticó a su dueña la afición de imitar lo extranjero en vez de inspirar los motivos arquitectónicos y decorativos de su propio país.

Reunidos en el salón de té con todos sus hijos, Isidora dejó entrever lo que ya hacía bastante tiempo la venía molestando.

—Nos iremos a vivir a París —dijo observando cuidadosamente la reacción de ellos—, ya no volveremos jamás a Chile a no ser por paseo o negocios. Amo a mi país, un lugar hermoso. ¡Cómo añoro contemplar los cambios de tonalidad que adquieren los cerros de Copiapó al atardecer! ¡Cuánto lo disfrutaba de pequeña! Pero la mala lengua, la intriga y la envidia de mis compatriotas me tienen cansada.

Todos permanecieron en silencio.

—Enough is enough —agregó Isidora poniéndose de pié encolerizada —, nos mudaremos a París.

2

El palacio Cousiño de Santiago permaneció cerrado muchos años porque sus dueños se ausentaron a Europa donde, según el cotilleo santiaguino, llevaron una vida de lujos y refinamiento. No obstante, no fue una ausencia permanente. Isidora siempre regresaba en visitas cortas. Daba fiestas a las jeunes filles de Santiago en los jardines del palacio y también aprovechaba de traer muebles, cortinajes y decorados de gran calidad tanto para el palacio de calle Dieciocho como el de Lota en plena construcción.

Atraídos por el estilo de vida "belle époque" muchas familias de la elite chilena formaron una pequeña colonia de chilenos en París. Gastaban sus millones a manos llenas en lujos y placeres que contribuían a engordar las arcas europeas y a empobrecer el propio país. Europa era la sanguijuela que succionaba los recursos que empezaban a faltar a principios de siglo siguiente y que fue el caldo de cultivo para los estallidos sociales que vendrían.

Isidora se dejó arrastrar por la embriagante vida parisina fijando su residencia en un *hôtel particulier* en la céntrica esquina de la Rue de Longchamp con la que hoy en su honor se llama Rue de Lota, no lejos del famoso Arco del Triunfo. Se necesitaba que sucediera algo estremecedor para que ella recordara su promesa. Y sucedió en 1891.

Ese año, mientras Chile se desgarraba en una cruenta guerra civil, Isidora tuvo que negociar con el presidente Balmaceda el normal funcionamiento de las minas de carbón y los negocios relacionados de la familia evitando represalias contra sus intereses comerciales. El conflicto armado entre partidarios del Congreso Nacional contra los del Presidente de la República llevada a cabo entre enero y septiembre de ese año fue más bien seguida por Isidora con cierto desapego; a través de la prensa y telegramas directos de sus administradores.

A finales de ese año recibió visita en París.

Una figura enjuta esperaba a la viuda Cousiño en su amplio dormitorio de su hotel particular. En la sombra de un rincón le fue difícil a Isidora determinar si esa oscura forma con aspecto humano estaba sentada o parada. Acercándose un poco más la pudo distinguir: era Liquitaya. Se estremeció completa.

—Veo que estás definitivamente radicada en París, mi niña. ¿Eres feliz?

—Hasta este momento en que tengo que soportar tu presencia, sí, soy feliz.

—¿Aún sabiendo que las condiciones de vida de los trabajadores mineros en Lota y Coronel son poco menos que inhumanas?

—He delegado la responsabilidad de dirigir la Compañía en mi hijo Carlos Alberto, por si no lo sabes.

—Mi niña, la responsabilidad no se delega, es tuya. Tú eres la dueña. Tú eres responsable del hacinamiento y falta de viviendas adecuadas, de las condiciones de trabajo inseguras y accidentes. ¿Cuánto tiempo que no te impones de los accidentes, de la pésima higiene, de los que mueren por respirar carboncillo toda su vida? ¿Quieres que siga?

—La forma de expresarte no corresponde a una india ignorante. Eres el demonio mismo. Has venido a torturarme—. Isidora respiró profundo. La ira le fluía por sus poros—. Pero te responderé. Hemos impulsado varias mejoras.

—Oh, sí, toneles de raulí para tu viña, chimeneas talladas en madera de cedro, escuelas y hospitales. Pero ¿sabes cuántos niños trabajan en tus minas de carbón?

—Reciben remuneración.

—Sería bueno que bajaras a una de tus minas de carbón. Ahí encontrarías al "portero", un niño de ocho años de edad, acurrucado en un rincón de una compuerta sumido en la oscuridad. A los "lampareros", de escasos diez años, quienes preparan las lámparas. A los "aguateros", niños que distribuyen el agua a los mineros en los frentes de carbón cargando un pesado tonel de latón montado en un carro. A los "herramenteros", mozuelos de menos de dieciséis años encargados de enganchar uno a uno los carros para formar corrida hacia la galería principal. Aún otro, encargado de recoger el carbón molido, empujando un carro a puro pulso. Y así hasta el fin de sus días: el "puntillero", el "castillero", el "winchero"...

—Te puedo asegurar, bruja —interrumpió Isidora—, que no encontrarás otro establecimiento que ofrezca mejores condiciones a los trabajadores que los nuestros.

—¿No vas a mencionar cuánto ha crecido tu fortuna? ¡Todo lo que has hecho ha sido para incrementar tu fortuna!

—¡No es verdad, no es verdad! ¡Sal de mi vida, bruja del norte!

—¿No sientes lástima por esos niños? ¡Mira sus rostros tiznados tratando de mostrar un falso orgullo de minero pero que ocultan una desesperanza atroz! ¡Mira sus pies descalzos y esos harapos de vestimenta heredados de su padre! Y tú construyendo un nuevo palacio en el pináculo de tu parque. Te digo: no quedará piedra sobre piedra de él. ¡Escucha! El mar embravecido de las masas ruge. Pronto se levantarán contra tu clase. Tus minas las poseerán los que gobiernan y con el tiempo tu fortuna quedará triturada y esparcida al viento. No cumpliste cabalmente tu promesa.

La acalorada conversación, si se puede llamar conversación, continuó por media hora. Finalmente el espectro de Liquitaya se fue difuminando en las sombras de la habitación, dejando a Isidora sumida en la más profunda de las angustias, perdiendo la noción del tiempo.

—Tal vez no sea demasiado tarde —se dijo.

3

El arrebol de la tarde le encontró sentada en el sofá estilo Imperio de su habitación con el rostro entre sus manos, acongojada. Horas habían transcurrido desde la pavorosa visita. Había estado meditando al respecto.

De súbito, se levantó y se dirigió al escritorio Reina Ana de nogal y escribió dos cartas. Una dirigida a Arturo y otra a Carlos, sus hijos. Arturo se encontraba por negocios en Santiago y ella le pedía que arreglara una reunión con el abogado Germán Riesco Errázuriz (que se convertiría en presidente de la República de Chile años más tarde) para que redactara un testamento.

El testamento debía ser escrito en los siguientes términos:

Primero.-Don Luis Alberto administrará las minas de plata ubicadas en Chañarcillo.

Segundo.-Don Carlos Alberto administrará las industrias y minas de carbón ubicadas en Lota y Coronel con el compromiso de dotar de agua potable a la población.

Tercero.-Don Luis Arturo heredará la viña Macul con el compromiso de mecanizar la elaboración de vinos, según lo permita la tecnología, de modo de evitar en lo posible el empleo de fuerza bruta. Además heredará el palacio de Santiago con el compromiso de donarlo a la ciudad de Santiago si no pudiera o no deseara correr con los gastos de mantención del edificio.

Cuarto.-Adriana vivirá en la Casona de Macul y su hermano don Carlos Alberto cuidará de ella y será su curador.

Quinto.-Loreto heredará el resto de propiedades y terrenos y acciones de la Compañía de Lota.

Sexto.-María Luz, la menor de mis hijas, quien ha abrazado a Cristo Nuestro Señor y que vive recluida en el Convento de las monjas Asuncionistas recibirá en metálico el equivalente a cuarenta millones de francos, los que destinarás a obras de caridad.

Le siguen, finalmente, quince disposiciones adicionales donde ordena legar a diferentes personas, órdenes religiosas, iglesias, instituciones de caridad, etc. cuantiosas sumas de dinero.

En la segunda carta dirigida a Carlos Alberto, le menciona un proyecto que ha estado rondando su mente. Le pide que se comunique con el señor Thomas Alva Edison para que diseñe una planta hidroeléctrica en el sector de Chivilingo de Lota y que estudie su empleo para iluminar las calles y viviendas de Lota y reemplazo de labores en que aún se emplee fuerza bruta. También le da instrucciones para que todas las familias de obreros tengan casas de ladrillos, artesas de lavar y que se pavimenten las calles de los barrios populares. Deberá considerar prioritario entre sus funciones administrativas la de mantener bien abastecidos el Hogar del Pequeño Cottolengo para que acoja debidamente a los huérfanos e impedidos, la casa de la Gota de Leche, encargada de dar diariamente un litro de leche a cada menor desposeído, el hospital de la Compañía y la iglesia de Alto Lota.

Con el tiempo fue cumplida la voluntad de la testamentaria, sin embargo en lo familiar las cosas se fueron enturbiando poco a poco. Luis Arturo y Carlos Alberto se pelearon sobre quién debía representar el papel principal en las empresas. También riñeron sobre quién controlaría los activos de sus hermanas María Luz, residente en un convento en Francia y Adriana, que había sido declarada interdicta por demencia. Los dos hermanos no pudieron llegar a ningún acuerdo amistoso. Entraron en una disputa legal amarga que condujo a la división familiar. Después del fallecimiento de Isidora, su fortuna fue atomizada y se la llevó el viento de los tiempos turbulentos del siglo entrante. El verano del año de 1904 se produjo en Chile la más grande huelga que se tuviera conocimiento. Vendrían otras.

Las aguas del Sena fluyeron incansables bajo los puentes del viejo París y el esplendor de la Ciudad Luz continuó para Isidora unos pocos años más hasta que un día de verano de 1897 fue inaugurado la primera planta hidroeléctrica de Sudamérica. Isidora viajó para estar presente en el evento. Posteriormente emprendió el regreso a Europa. Fallecería a principios del año siguiente en París.

Agónica en su lecho estilo Boulle sintió la presión suave de una mano que acariciaba la suya. Era la sombra de Liquitaya. La visitaba una vez más; la última.

—Tu padre estaría orgulloso de ti —le dijo sonriendo.

251

Isidora desvió la mirada de la siempre inesperada visita y la dirigió hacia el sur, allende los mares. Se vio paseando por su querido Parque de Lota y admirando su hermoso palacio ya finalizado y que sus hijos no quisieron habitar y que un posterior terremoto derrumbó hasta sus cimientos.

—Hice lo que pude, pero no fue suficiente. ¿Pude haber hecho más?

Epílogo

Durante la década de 1890, doña Isidora de Cousiño se había instalado en París. En 1898 el palacio del Parque de Lota se encontraba ya terminado y el mobiliario era enviado desde Europa. Las labores estaban a cargo de su hijo don Carlos Cousiño. Mientras esto sucedía, llegó la trágica noticia de la muerte de doña Isidora. Su deceso produjo un profundo impacto en la zona donde ella había reinado durante veinticinco años.

Había estipulado en su testamento que si moría en Francia, sus restos fueran llevados a Chile y sepultados en Santiago pero antes un barco debía llevarla a Lota para recibir un póstumo adiós de ese pueblo que tanto amaba. Este deseo fue cumplido. Sus restos fueron traídos al país por el barco Oriza llegando a Lota un 26 de abril de 1898.

La ceremonia "tuvo una fastuosidad nunca vista en el vecino pueblo" decía un diario de Coronel. Desde el muelle de la Compañía se inició un largo y silencioso cortejo hacia la capilla de Alto Lota. El catafalco lucía grandioso colocado en el centro de la capilla. Don Luis Alberto y don Carlos Cousiño presidieron el duelo. Las honras fúnebres se realizaron en la mañana del 27 de abril. Los pueblos de Lota y Coronel, silenciosos y reverentes, rindieron homenaje a la respetada y apreciada dama.

Se cuenta que la gente de los pueblos y de los campos acudía a las estaciones para ver pasar el "tren de doña Isidora". En la noche bajaron de Lota Alto el carro fúnebre que conducía los restos acompañado de bomberos llevando antorchas y los mineros con las lamparillas de sus gorras encendidas marchaban en una especie de guardia fúnebre en una extensión de diez cuadras. Finalmente se dirigieron a la estación para emprender el viaje postrero hacia la capital. Sus restos fueron llevados a Santiago en tren. Se cumplió así el último deseo de la majestuosa dama del carbón.

Fin

PRINCIPALES FUENTES DOCUMENTALES

Antonio Yñiguez V.................Estampas del nuevo extremo. Santiago en 1850

B.Vicuña Mackenna...........................El libro de la plata

Domeyko...Excursiones y trabajos entre 1840 y 1873

Enrique Bunster.......................................Distinguidas historias

Francisco Marcial Aracena....................La industria del cobre. Apuntes de viaje

Gabriel Salazar Vergara...................De las memorias conspicuas del siglo XIX: el caso de Ramón Subercaseaux Vicuña

H.Hurtado Larrain...............................Dos naves chilenas capturadas por la escuadra española (1865-1866)

Juan Mackay................................Recuerdos. La obra de Matías Cousiño

Julio Duplaquet ....Estudio de la zona carbonífera de Chile

Made in United States
Orlando, FL
13 July 2024